TRANSFORME
SEU PARCEIRO
NA SUA alma
gêmea

Arielle Ford

TRANSFORME SEU PARCEIRO NA SUA alma gêmea

Um guia prático para seu final feliz

Tradução
Alda Lima

HarperCollins *Brasil*

Rio de Janeiro, 2016

Título original: Turn Your Mate Into Your Soul Mate
Copyright © 2015 by Arielle Ford

Direitos de edição da obra em língua portuguesa no Brasil adquiridos pela Casa dos Livros Editora LTDA. Todos os direitos reservados. Nenhuma parte desta obra pode ser apropriada e estocada em sistema de banco de dados ou processo similar, em qualquer forma ou meio, seja eletrônico, de fotocópia, gravação etc., sem a permissão do detentor do copyright.

Contatos:

Rua Nova Jerusalém, 345 – Bonsucesso – 21042-235
Rio de Janeiro – RJ – Brasil
Tel.: (21) 3882-8200 – Fax: (21) 3882-8212/8313

CIP-BRASIL. CATALOGAÇÃO NA PUBLICAÇÃO
SINDICATO NACIONAL DOS EDITORES DE LIVROS, RJ

F794t

    Ford, Arielle
    Transforme seu parceiro na sua alma g mea : um guia prático para seu final feliz / Arielle Ford ; tradução Alda Lima. - 1. ed. - Rio de Janeiro : HarperCollins Brasil , 2016.
    224 p. ; 23 cm.

    Tradução de: Turn your mate into your soulmate: a practical guide to happily ever after

ISBN 978.85.698.0970-8

    1. Relação homem-mulher. 2. Casais - Psicologia. 3. Psicoterapia conjugal. I. Lima, Alda. II. Título.

16-31919

                      CDD: 616.891562
                      CDU: 615.851-058.833

Sobre *Transforme seu parceiro na sua alma gêmea*

"Arielle Ford é uma sacerdotisa do amor, trazendo à tona a sabedoria divina e colocando-a na Terra, onde ela precisa estar. Ela viveu, aprendeu, e foi bem-sucedida nos dramas do amor. Ela tem muita informação para oferecer, e neste livro ela o faz compassiva e sabiamente."

— Marianne Williamson, autora do best-seller do *The New York Times*
A Return to Love e *A idade dos milagres: valorizando a maturidade.*

"Arielle Ford nos ajuda a superar os mitos e expectativas ilusórios acerca do amor, do romance e da felicidade eterna. Em seu lugar, ela oferece formas simples e imediatas de dar nova vida a antigos relacionamentos e de estabelecer relações entre as muitas diferentes maneiras pelas quais mulheres e homens pensam e veem relacionamentos."

— John Gray, autor do best-seller do *The New York Times*
Homens são de Marte, mulheres são de Vênus.

"*Transforme seu parceiro na sua alma gêmea* é uma leitura obrigatória para todos os casais. Este livro é um guia completo para o verdadeiro amor, a conexão verdadeira e a parceria entre almas. Arielle oferece com brilhantismo um caminho para eliminar tudo que separa você da alma gêmera que você tanto desejou. Sou grata por tudo que recebi desse livro."

— Gabrielle Bernstein, autora do best-seller do
The New York Times Milagres já.

"Arielle Ford guia você através de um vívido portal para as melhores práticas em um relacionamento, não importa em que momento você esteja na sua jornada neles. Ler *Transforme seu parceiro na sua alma gêmea* é como ter uma irmã mais velha super inteligente que te apoia integralmente, te dando um resumo do que realmente funciona. Qualquer pessoa interessada em aprofundar seus relacionamentos pode se beneficiar de toda a sabedoria contida neste livro."

— Kathlyn e Gay Hendricks, autores best-sellers de
Conscious Loving Ever After.

"Arielle Ford ajuda os leitores a encontrarem seus próprios finais felizes ao derrubar os mitos a respeito de amor, romance e felicidade eterna, com os quais a mídia nos alimenta. Sua abordagem prática para o amor eterno inspira os leitores a criar o tipo de relacionamento com seus parceiros que eles sempre quiseram, desejaram e tão profundamente merecem ter."

— Katherine Woodward Thomas, autora de *Conscious Uncoupling:
5 Steps to Living Happily Ever After*.

"Acredito verdadeiramente que é importante aprender de alguém com experiência. Arielle Ford é um exemplo perfeito de como fazer um casamento não apenas dar certo, mas também prosperar. Ela ajuda você a mudar sua perspectiva de modo que você possa recriar e sustentar o amor que um dia os uniu. Brilhante, prático e transformador. Obrigada, Arielle!"

Christy Whitman, autora do best-seller do *The New York Times*,
The Art of Having It All.

"Arielle Ford revela os segredos para se criar um amor lendário neste livro lindamente escrito e altamente elucidativo. Ela oferece soluções surpreendentemente simples para casais que queiram reacender o amor e a paixão."

— Marci Shimoff, autora de *Os 7 passos para ficar de bem com a vida*.

"Uma coisa é se apaixonar, outra é permanecer apaixonado, sobreviver às tormentas e construir um casamento que dure uma vida inteira. Posso dizer honestamente que *Transforme seu parceiro na sua alma gêmea* é verdadeiramente notável — uma combinação verdadeiramente maravilhosa de grande sabedoria, dicas úteis, soluções práticas e perspectivas que abrem o coração e que podem ajudá-lo a fazer de seu relacionamento comum algo extraordinário. O livro de Arielle Ford é sua fonte única e definitiva para criar a parceria apaixonada, construtiva, amorosa e comovente que seu coração deseja."

— Dra. Sheri Meyers, terapeuta de casais e de família,
e autora de *Chatting or Cheating*.

"Este livro vai mostrar como transformar seu relacionamento para criar mais momentos de profunda compreensão, romance e conexão... momentos que estimulam o coração e trazem aquele friozinho na barriga."
— Sarah McLean, autora do best-seller *Soul-Central: Transform Your Life in 8 weeks with Meditation*.

"A brilhante e absolutamente profunda sabedoria de Arielle sobre o amor ensina, inspira e prova a todos nós que, não importam as circunstâncias, o mais incrível amor sempre é possível."
— Kailen Rosenberg, "arquiteta do amor" e autora de *Real Love, Right Now*.

"Estou *apaixonada* por este livro! Um baú de tesouro cheio de achados preciosos sobre relacionamentos que me fez rir alto sem parar. 'Pare a TV mais uma vez!', eu pedi diversas vezes para meu noivo, só para ler para ele mais uma página. Você sabe que um livro é bom quando seu parceiro se diverte, e até mesmo se concentra, ao escutar um trecho dele enquanto assiste ao seu adorado futebol!"
— Linda Sivertsen, autora de *Lives Charmed*, e criadora do app para iPhone Boyfriend Log.

"*Transforme seu parceiro na sua alma gêmea* deveria estar na lista de leitura de toda mulher, não importa qual tipo de relacionamento ela tem. Este livro é o pacote completo! Revelações fascinantes, histórias reais inspiradoras, sabedorias cativantes, assim como inovadoras pesquisas sobre relacionamentos que *qualquer pessoa* pode usar e implementar *agora* mesmo para fazer seu relacionamento ir de regular para bom, de bom para ótimo, e de ótimo para glorioso. Realmente não existe um problema que suas páginas não possam melhorar dramaticamente ou um casal que não consiga se reconectar — não importa o quão entediado/ressentido/irritado o mesmo possa estar, não importa há quanto tempo. As décadas de Arielle como "solteirona" e seu derradeiro e incrivelmente feliz longo casamento (com seus próprios desafios, que ela revela aqui), assim como a genialidade de seus amigos especialistas, permeiam cada página desta leitura importante e deliciosa. Este livro é tão bom que estou com raiva dele (embora feliz por Arielle e pelo mundo por ela o ter escrito, é claro!). Compre ou peça logo vinte cópias para cada mulher importante da sua vida, depois observe e se maravilhe com o que irá acontecer."

— Carol Allen, astróloga védica e *coach* de relacionamentos.

"Em *Transforme seu parceiro na sua alma gêmea*, Arielle Ford nos leva magistralmente a reacender nosso relacionamento para que ele possa brilhar mais forte em cada primavera e inverno dessa jornada a dois. Esse livro fará seu coração bater mais forte novamente."

— Allison Maslan, empreendedora e autora de *Blast Off!*

"Arielle Ford inspirou legiões de pessoas a encontrar suas verdadeiras almas gêmeas. Em seu novo livro, ela compartilha sua experiência e sabedoria para ajudar casais a imbuir seus relacionamentos de um amor ainda mais verdadeiro e de uma compreensão ainda mais profunda quanto ao que é preciso para se criar uma verdadeira parceria."

— Rev. Laurie Sue Brockway, oficiante de casamento e autora de *Your Perfect Wedding Vows*.

"Noções românticas irrealistas acerca do amor têm causado um caos em nossos relacionamentos. Acabar com o mito do amor acidental e romântico é nossa missão pessoal. Arielle Ford escreveu um livro que dá aos casais as ferramentas para criar relacionamentos duradouros e amorosos, em vez de deixá-los se tornarem apenas mais uma estatística negativa de casamentos fracassados. Ainda que homens e mulheres frequentemente discordem, o amor é o que os une. Em *Transforme seu parceiro na sua alma gêmea*, Arielle oferece exemplos e passos claros para fortalecer essa ligação para que você possa criar uma conexão profunda com seu parceiro. Esse é o objetivo de relacionamentos íntimos para sua alma — sua alma deseja intimidade e esse livro lhe mostra como."

— Orna e Matthew Walters, *soulmate coaches* (Coaches de almas gêmeas).

"Simplesmente amei, amei, amei o novo livro de Arielle Ford, *Transforme seu parceiro na sua alma gêmea*! Relacionamentos saudáveis e felizes são um componente integral da paz interior, e todo mundo luta para atingir este escorregadio ideal. Arielle mantém os pés no chão neste livro revigorante, honesto e inspirador, oferecendo a orientação mais completa e magistral que realmente transforma casamentos e nos encoraja a relaxar para alcançar o amor verdadeiro — e, com ele, a verdadeira paz interior."

— Mary Allen, autora de *The Power of Inner Choice*.

"Arielle conseguiu mais uma vez! Desta vez num maravilhoso conjunto de estratégias para casais experientes ou qualquer um que esteja interessado em manter ou trazer de volta a magia a seu relacionamento. Planejo guardar o livro na mesinha de cabeceira, a meu alcance, para compartilhar suas ideias, especialmente as induções à comunicação, com meu amado."

— Kim Weiss, autora de *Sunrise, Sunset: 52 Weeks of Awe and Gratitude*.

"Arielle Ford reúne uma coleção incrível de estratégias e dicas não apenas para transformar seu parceiro em sua alma gêmea, mas para encontrar uma intimidade mais profunda para amores duradouros."

Cherry Norris, *coach* de relacionamentos, atriz e cineasta.

"Este é o livro que toda mulher casada devia ler antes e durante seu casamento, vezes e mais vezes. Na verdade, ele devia simplesmente estar sempre na sua mesinha de cabeceira."

Christina Rasnusseb, autora de *Second Firsts: Live, Laugh, and Love Again*.

"Arielle Ford destila, com humor e paixão, verdades espirituais eternas a serviço de nosso propósito maior na Terra: amar e ser amado. Ela nos oferece uma lente generosa e solidária através da qual podemos reconhecer o propósito de nossas almas no amor e encontrar a alegria maior em nossos relacionamentos. Sou uma grande fã!"

Laura Berman, LCSW, Ph.D., especialista em amor e relacionamento, e autora de *Quantum Love*.

Para Claire Zammit

*Obrigada por compartilhar seu mundo em eterna
expansão de possibilidades, magia e diversão!*

*Sou abençoada por ter seu amor, amizade,
criatividade, brilhantismo e apoio.*

Conteúdo

Introdução **17**

UM *Não é para ser assim* **25**

Este capítulo define claramente o que é e o que não é uma "alma gêmea" e dissipa os mitos sobre o termo para criar uma mudança instantânea de percepção sobre o que é possível para seu relacionamento. Ele também trata de questões como "O que é o amor?" e "Relacionamentos entre almas gêmeas duram para sempre?". Aqui preparamos o terreno para o propósito, o trabalho e o potencial de alegria de um relacionamento.

DOIS *Entendendo os homens: o Marciano,*
o Herói e o Homem das Cavernas **43**

Você vai aprender como e por que os homens são diferentes e como falar com eles de uma maneira que faça com que você consiga o que você quiser.

TRÊS *Transformando sua história* **62**

Este capítulo mostra como se desprender de sua história, seja ela a história da vítima ou da resignação de que um relacionamento nunca dará certo. É um passo vital no caminho rumo à plenitude.

QUATRO *Contratos sagrados e a moradia da alma* **82**

Mergulhamos fundo na natureza da alma, na reencarnação relacionada ao amor, nos contratos sagrados, no carma e no impacto que há entre as vidas ao escolher sua família.

CINCO *Diferenças irreconciliáveis são normais* **109**

Pesquisas já mostraram que todo casal tem diferenças irreconciliáveis. Este capítulo revela formas de aceitar um ao outro e prosperar, apesar da noção equivocada de que precisamos encontrar uma maneira de concordar sobre tudo. Você vai aprender a criar uma caixa de ferramentas que lhe ajudará a processar suas emoções.

SEIS *De irritada a feliz* **133**

Este capítulo revela a essência de encontrar beleza nas imperfeições, ou o que chamo de Amor Wabi Sabi, no seu relacionamento.

SETE *O poder mágico do três* **144**

Você, seu parceiro e Deus/Espírito/Universo compõem a tríade mágica do amor. Você vai amar-se e a seu parceiro incondicionalmente, e o que isso significa de verdade? Este capítulo revela passos preciosos para procurar — e encontrar — o amor incondicional que sustentará seus relacionamentos de maneiras novas e surpreendentes.

OITO *Abandono selvagem: Seu cérebro apaixonado* **160**

Já foi dito que estar apaixonado é uma forma socialmente aceita de insanidade. Este capítulo fornece a pesquisa científica da relação entre amor, química cerebral e como dar o pontapé inicial no seu caminho de volta ao amor e à conexão.

NOVE *O poder de cura do amor* **176**

Na aritmética básica, um mais um é igual a dois. Na matemática das almas gêmeas, um mais um é igual a onze, e seu amor abençoa o mundo. Este capítulo também explica o "efeito casamento" e por que transformar seu parceiro em sua alma gêmea não apenas vai melhorar sua própria saúde e aumentar sua longevidade e felicidade, mas também impactar o mundo.

Agradecimentos **207**

Fontes **209**

Notas **219**

Créditos **221**

Sobre a autora **223**

Introdução

Felizes. Para. Sempre.

Acredito que essas sejam as três palavras mais perigosas para mulheres apaixonadas. Elas implicam no final perfeitamente- -amarrado-com-laçarotes de um reino de conto de fadas no qual fomos condicionadas a acreditar. O amor de verdade não poderia estar mais longe desses castelos de areia.

Até as mulheres mais espertas caem num transe de amor, achando que agora encontraram, na sua alma gêmea, o amor de suas vidas, aquele elixir perfeito para tudo que possa já ter dado errado até então. Ao pensar "finalmente", as mulheres se agarram à crença de que os homens vão saber naturalmente como deixá-las felizes, satisfeitas e contentes. Um relacionamento amoroso com nossa alma gêmea é o antídoto perfeito contra tudo que nos aflige. Ou assim o achamos.

Todos já ouvimos falar que relacionamentos exigem trabalho, compromisso e ocasionais noites sem dormir para que um equilíbrio seja alcançado. E, no entanto, muitas de nós acreditam que o verdadeiro "amor entre almas gêmeas" vai de alguma maneira ser diferente, fácil, merecido. Esperamos que nosso raro, precioso e inimaginável "amor entre almas gêmeas" vá superar tudo.

Então, a realidade chega. Às vezes leva um ano, ou dez, ou vinte, mas em algum momento nos vemos aflitas — ou pior: zangadas, frustradas, desapontadas e prontas para desistir. Começamos a nos perguntar se é hora de um divórcio. Nossa realidade diária não é como nosso sonho do que o "amor entre almas gêmeas" deveria refletir. De repente, percebemos que nosso príncipe encantado, nosso cavaleiro de armadura brilhante, se transformou numa barreira enferrujada e teimosa à felicidade e satisfação.

Mesmo que você tenha sido abençoada com alguém física, emocional e espiritualmente compatível com você, é provável que em alguns dias seu parceiro a irrite, e nesses dias você deseje que as coisas fossem diferentes.

Para mim, escrever um livro como este não foi nada simples. Fui noiva pela primeira vez aos 44 anos de idade, um pouco atrasada no departamento amor. Eis o que aconteceu. Numa manhã, acordei muito cedo. Antes de abrir meus olhos, estiquei meu braço direito sobre os lençóis azul-claros de minha cama *queen size*, procurando o pelo macio de meu gato alma gêmea, J.B. Ele não estava em seu lugar de sempre, e, enquanto minha mão procurava por ele, subitamente tomei consciência do espaço vazio, desocupado, na cama. Repentinamente fui assolada por dois pensamentos sombrios simultâneos: "Por que minha cama é tão vazia?" e "Ai meu Deus, eu me esqueci de casar!"

Enquanto estava deitada lá, comecei a repassar minha vida na cabeça, tentando aceitar a realidade de que aqui estava eu, 43 anos de idade, e ainda solteira. Não fazia sentido algum para mim. Eu sabia que era relativamente atraente, estava em forma, era bem-sucedida e divertida, e que tinha uma vida ótima. Ainda assim, eu estava sozinha.

A verdade nua e crua era a seguinte: eu devotara a maior parte de meu tempo e energia para construir o meu negócio. Eu era fortemente ambiciosa, e quando se tratava de sucesso, quanto mais eu tinha, mais eu queria. Havia estudado e dominado uma série de técnicas para "manifestações" e as usara para criar uma carreira que estava superando todas as minhas expectativas.

Uma das minhas grandes vitórias manifestadas foi a criação quase instantânea do meu primeiro negócio, *The Ford Group*, uma firma de relações-públicas situada em Beverly Hills, Califórnia. Eu estava trabalhando para uma firma de RP há três anos e comecei a pensar em criar a minha própria empresa. Uma parte minha não

INTRODUÇÃO

acreditava de verdade que era possível, porque eu não tinha nem o dinheiro nem o treinamento para abrir uma firma de relações públicas sozinha. No entanto, isso não me impediu. Comecei a imaginar como seria acordar todas as manhãs animada por entrar num escritório com meu nome na porta. Tentei visualizar como seria poder decidir com quais clientes eu trabalharia e as maneiras pelas quais eu conseguiria resultados impressionantes para eles. Todo dia eu me sentava em silêncio e sentia essas sensações, usando minha imaginação para ver e sentir o potencial de ter meu próprio negócio.

Depois de dez dias fazendo esse processo, recebi um telefonema de um antigo cliente, Mark, que disse que ele e seu sócio queriam me levar para almoçar. Eu havia trabalhado com eles no ano anterior e lhes conseguido um monte de espaços na mídia excelentes, incluindo uma entrevista no *Good Morning America*. Eu não tinha muita certeza da razão pela qual eles queriam me encontrar, mas estava ansiosa para descobrir. Depois de pedirmos nossos pratos, eles foram direto ao assunto.

Mark disse:

— Temos conversado sobre você e achamos que é hora de você arriscar e começar sua própria firma de RP. Sabemos como é boa e queremos ser seus primeiros clientes.

Mark mexeu então no bolso de sua jaqueta, me deu um cheque no valor de 18 mil dólares, e continuou:

— Como seus primeiros clientes, estamos pagando por um ano de seus serviços para nós, adiantado. Quando você pode começar?

Três semanas depois, abri o *The Ford Group*, que rapidamente se transformou num sucesso. Os clientes pareciam cair do céu, sem muito esforço da minha parte. Minha vida era movimentada, gratificante e excitante — exceto pelos relacionamentos amorosos.

Até aquele ponto, minha vida amorosa nunca fora fácil. Tendo crescido com pais que não amavam — ou sequer gostavam — um ao outro, não tive muitos exemplos quando se tratava de relacionamentos amorosos. Para resumir, minha vida amorosa era uma porcaria.

Comecei a pensar se não poderia aplicar as orações, rituais e processos que me trouxeram sucesso profissional para manifestar também uma alma gêmea. Resolvi descobrir! Fiz uma lista de todas as práticas que eu havia usado no passado, incluindo criar uma lista bem específica de meus desejos, preces de gratidão por receber tudo com facilidade e sem esforço, práticas de visualização diárias, e afirmações. Em um ano, Brian e eu nos conhecemos numa reunião de trabalho. Naquele dia, nós "soubemos". Todos na sala conosco "sabiam". Três semanas depois, ele me pediu em casamento, e um ano depois daquilo, casamos três vezes. Como havia demorado tanto, achei que eu tinha direito a celebrar nossa união o máximo possível! Isso foi há 18 anos.

Como uma noiva mais velha, involuntariamente me transformei no exemplo para todas as solteiras acima dos quarenta. Geralmente essas mulheres me chamavam de lado e perguntavam: "Como posso arranjar um Brian?". Eu compartilhava com elas todos os detalhes do meu processo, e então, semanas ou meses depois elas me ligavam ou mandavam um e-mail animadas, dizendo que também tinham uma alma gêmea agora. Depois de um tempo, minha fórmula se tornou assunto de meus livros e oficinas, conhecidas como *The Soulmate Secret* (O segredo da alma gêmea), e que agora já funcionou para dezenas de milhares de homens e mulheres, de todas as idades, em quarenta países.

Uma vez tendo manifestado e me casado com minha alma gêmea, Brian, eu realmente esperava ter, de alguma forma, pulado a etapa "relacionamentos dão trabalho" da vida, porque eu tinha o cara perfeito. Eu realmente acreditava que nosso relacionamento era especial e abençoado.

Como muitos recém-casados, fui tomada por uma experiência deliciosa e sensações boas, meu cérebro inundado de dopamina, oxitocina e outras maravilhosas substâncias neuroquímicas que são liberadas quando a gente se apaixona. Realmente achei que viveríamos no piloto automático, flutuando alegremente por um dia delicioso e romântico após o outro.

Apesar de ter certeza de que Brian era o cara perfeito para mim e acreditar — e ainda acredito — que tínhamos um relacionamento especial, eu estava errada quanto à parte de "pular uma etapa". Eu entrei no casamento sem nenhuma habilidade em termos de parceria e nenhum entendimento real do que significa dividir sua vida com alguém. Eu nunca nem havia pensado naquilo.

Conforme a realidade de viver com Brian se estabelecia, eu rapidamente percebi que, como eu era uma empreendedora e dona de um negócio, minha maior qualidade era "ser a chefe". Descobri que essa habilidade era a antítese do que é necessário para fazer crescer e fortalecer o amor. Odeio admitir, mas não sou a pessoa mais acolhedora e generosa do planeta. Minha natureza é sempre primeiro pensar "o que eu ganho com isso?". Brian é o oposto. Ele é uma das pessoas mais amáveis, generosas e cuidadosas que já conheci. Ele é um verdadeiro doador. Porém, "doadores" também têm necessidades, desejos e feridas antigas que às vezes se abrem.

O que aprendi é que relacionamentos se parecem muito com acender uma vela. Você acende a vela de seu parceiro e vice-versa, mas às vezes o fogo se transforma numa chama aparentemente incontrolável. Os problemas deles se inflamam e "estimulam" os seus problemas, e então você-sabe-o-que é jogada no ventilador. A boa notícia é que isso é normal! No entanto, nos primeiros anos do meu casamento, eu não sabia disso.

Naquela altura da minha vida, eu tinha trabalhado como divulgadora literária para diversos dos maiores nomes das áreas de desenvolvimento pessoal e espiritualidade. Eu tinha acesso a incontáveis publicações das maiores mentes que ensinavam os segredos para ser bem-sucedido, feliz e satisfeito. Esses mentores, que também eram meus clientes, abordavam uma miríade de assuntos, de meditação à manifestação — exceto como navegar pelo amor e pelo casamento. Eu tinha cem por cento de certeza de que Brian e eu havíamos nascido para dividir nossas vidas um com o outro, e também sabia que eu não tinha noção alguma de como lidar com os momentos em que estávamos mal. Preces, meditação, cânticos, visualizações, estabelecimento de objetivos, uma atitude positiva e fazer afirmações eram partes da minha vida diária, mas nenhuma delas se mostrava útil quando eu era levada ao meu limite. Em momentos como aqueles, todo o conhecimento de autoajuda do mundo não seria útil.

Finalmente, a "exploradora" dentro de mim resolveu que era necessário me transformar numa "aluna do amor". Tornei-me determinada a entender como os mecanismos internos dos relacionamentos amorosos funcionavam com o objetivo de desvendar as verdades escondidas de mim por tanto tempo. Deste livro você vai ganhar a sabedoria que encontrei ao longo de minha jornada para criar e manter o amor mais profundo e gratificante.

Hoje, uma das perguntas que mais escuto é: "Como *saber* se ele é minha alma gêmea?" É uma grande pergunta, porque existem vários mitos e mal-entendidos quanto a esse termo. Neste livro você vai encontrar todas as melhores definições e interpretações do que uma alma gêmea é e não é, e o que é preciso para fazer crescer e nutrir uma relação entre almas gêmeas.

Nestas páginas você vai aprender a cultivar o amor, minimizar conflitos e criar um relacionamento mais profundo e amoroso. Vou compartilhar as estratégias e habilidades que aprendi e que permitirão que você veja a si mesma e seu parceiro sob um ângulo completamente novo. Elas também irão fortalecer o laço que os uniu e finalmente levar seu relacionamento para um novo patamar. Com a compreensão acerca da verdadeira natureza de uma alma gêmea, vem a possibilidade de redescobrir o amor, a paixão, o respeito e o compromisso com o relacionamento.

Este livro também revela:

- O que amor *realmente* é e não é.
- Por que desejamos ter uma conexão com outra pessoa.
- Nossos contratos sagrados relacionados ao amor.
- Por que desistir do perfeccionismo é a chave para a felicidade.
- Como pedir e receber de seu parceiro o que você mais precisa.
- O propósito e os benefícios do casamento.
- Componentes de um relacionamento saudável.
- Como ir além de nós mesmos para infundir nosso relacionamento com Deus/Espírito/Devoção.

- Como dar nova vida a um amor antigo, dando o pontapé inicial na diversão.
- Por que trocar de parceiros pode não ser a resposta e por que redescobrir o parceiro que você já tem pode ser o caminho para a felicidade.

Uma coisa é se apaixonar e se casar. Outra bastante diferente é estar num casamento pelo qual você é apaixonada. Chegar neste estado é o verdadeiro propósito de *Transforme seu parceiro na sua alma gêmea*. É possível. Depende de iniciativa, compromisso e de uma crença de que embarcar nesta jornada para um relacionamento mais verdadeiro vale a pena.

Quando você terminar de ler este livro, vai conhecer o caminho para chegar lá. Meu sonho para você é que, ao terminar a última página, você esteja entusiasmadamente apaixonada por seu amado e vivendo em vez do "para sempre", o "agora e sempre".

Arielle Ford
La Jolla, Califórnia
www.arielleford.com

UM

Não é para ser assim

Uma alma gêmea é alguém por quem você se sente atraído e que lhe oferece a melhor possibilidade de crescimento para que dois seres evoluam para sua melhor expressão.

Debbie Ford

Não é culpa sua. A magia sumiu. As luzes se apagaram. Você está se questionando se ainda vale a pena lutar pelo que um dia você teve. O glamour se foi, e você se pergunta como ele pode ter escorregado entre seus dedos assim. Enquanto você luta para boiar num mar de emoções, um súbito sentimento de culpa misturado a desespero e uma pitada de esperança cantarola por baixo da superfície de tudo.

E se eu tentasse mais um pouquinho? Talvez ele mudasse.

Se você está lendo este livro, provavelmente está mesmo se perguntando se deveria ficar ou ir embora. Será que você deveria desistir de seu relacionamento, o mesmo que você realmente pensou ser tão perfeito, pelo menos no começo? Ou seria possível realmente transformar este parceiro, que enlouquece você além do suportável, em sua alma gêmea eterna?

Não é culpa sua o fato de você estar se fazendo essas perguntas. Elas são meramente um sinal de que o mito no qual um dia você acreditou finalmente foi desmascarado.

Infelizmente, você e a maioria das mulheres do mundo moderno foram enganadas por uma crença falsa a respeito do significado do "amor verdadeiro". Você foi exposta a fantasias de contos de fadas feitas para moldar você na princesa perfeita esperando por seu príncipe perfeito. A mídia se juntou à conspiração para reforçar a mensagem sobre como deve ser um parceiro aceitável. Você ouviu que, com as roupas, perfumes, casa, carro, crianças, penteado e carreira certas você transformaria aquela fantasia infantil cuidadosamente criada na sua realidade personalizada. Basicamente, você foi programada para ser a estrela de seu próprio filme de romance, com protagonistas homens perfeitamente alinhados para se encaixarem na imagem de sua ardentemente desejada vida amorosa.

Você sofreu lavagem cerebral e foi alimentada à força com mentiras.

A versão de desenho animado de sua vida seria mais ou menos assim: príncipe encantado, vestido num belo e impressionante traje de veludo, chega montado num cavalo branco com a única intenção de puxar você para os braços e sobre a sela, para os dois então cavalgarem juntos rumo à terra do "felizes para sempre". Este incrível príncipe ou lhe traz o par perfeito de sapatinhos *Jimmy Choo*, ou a beija até que você chegue a um estado de profundo êxtase e então durma por um longo tempo.

A história promete a você que o príncipe encantado tem a chave de ouro para um reino mágico onde ele intuitivamente atende a todas as suas necessidades e concede todos os seus desejos. Talvez, por um breve período no começo de seu relacionamento, você até tenha experimentado momentos deste ilusório encantamento, o que reforçou mais ainda sua crença de que finalmente fisgara *o amor da sua vida*.

E então a vida acontece. As circunstâncias mudam. Em algum momento, o príncipe encantado parece se transformar em alguém que você não mais reconhece como seu melhor amigo, amante e parceiro para a vida toda.

Vamos ser honestas. Temos padrões extremamente altos para nós mesmas e nossos parceiros. Quer saibamos ou não, frequentemente transformamos nosso relacionamento num objetivo inatingível. Não é de admirar que fiquemos frustradas, desapontadas e envergonhadas. Muitas vezes confidenciamos para nossas amigas as coisas irritantes que nossos parceiros fazem, comparando e reunindo histórias sobre outros exemplos horríveis de amigas de amigas. Isso nos leva a uma espiral de tristeza, enquanto reforçamos tudo que está indo mal em nosso relacionamento. Todos sabemos que tudo aquilo em que focamos nossa atenção se torna maior. Se estamos focadas em desabafar incessantemente sobre como os homens são ruins e errados, entramos na zona "a grama do vizinho sempre é mais verde", distorcendo nossa visão e criando um mundo irrealista e perfeito que parecemos fadadas a nunca alcançar.

Investigando mais a fundo, somos confrontadas com o fato de que nosso desejo secreto por uma vida perfeita não se tornou realidade. Ao mesmo tempo, ficamos empacadas com essas expectativas não cumpridas que nos atormentam. Tentamos ao máximo sorrir e fingir que não nos sentimos como de fato nos sentimos, com a esperança de que ninguém vá notar, ou que esses sentimentos intensos de alguma maneira vão desaparecer se os ignorarmos por tempo suficiente.

Mas os notamos — e muito. E não importa o quanto você deseje — ou desabafe com amigas —, eles não vão embora.

É hora de cair na real. O príncipe trocou seu traje de veludo por uma cueca velha, uma camiseta rasgada, ou por uma calça de moletom favorita. Ele é o cara no sofá, gritando para o jogo ou para o político no noticiário, coçando o saco enquanto arrota sua última cerveja. Honestamente, foi essa a visão que você teve quando caminhou até aquele altar, segurando um buquê de flores cujo aroma a intoxicou, para em seguida dizer "sim"?

Nós não percebemos, ao dizer aquela palavra, que "sim" também significaria "sim" para todos os outros dias.

Talvez você esteja familiarizada com a síndrome "você viu"? É um fenômeno que já testemunhei diversas vezes em meu próprio relacionamento e nos de minhas amigas. É como se a memória de seu parceiro fosse desligada assim que você entra em cena. Ele simplesmente não consegue encontrar nada. Sua carteira, sapatos, mala, laptop, o controle remoto, as chaves do carro — seja lá o que for — milagrosamente desapareceram. É como se o cérebro dele tivesse sido levado até a agência postal mais próxima e sido temporariamente extraviado. Você nota que ele não se comporta assim com seus amigos homens. Mas com você sim. A princípio você acha bonitinho. E então um dia para de achar. E, por mais que tente, você não consegue descobrir como recriar aquela sensação inicial de divertimento.

Uma variação da súbita amnésia dele é expressa em outra síndrome, muito familiar, que chamo amorosamente de síndrome das "pernas perdidas". Ele perde a habilidade de andar se sabe que você está por perto. "Querida, tem biscoito?", pergunta ele, como se ele fosse incapaz de levantar do sofá e descobrir por si mesmo.

Pode mesmo este ser *o amor da sua vida* por quem você rezou? O amor da sua vida selecionado pessoalmente por Deus só para você? Será possível que você tenha nascido para estar com alguém que poderia agir de forma tão comum? De jeito nenhum! Certamente você foi feita para alguém — qualquer um — melhor!

Hoje seu relacionamento pode ser "bom o suficiente" ou "regular", mas você se surpreende constantemente sonhando acordada com aquela ilusória "alma gêmea de verdade" que você sabe que ainda está por aí, fora de seu alcance. E você pode estar se perguntando: "Tenho coragem de deixar este relacionamento para ir atrás da possibilidade de alguém novo, o alguém certo?" Você sabe que não nasceu para a mediocridade. Pode sentir isso, e lhe traz muita dor se ver vivendo dessa maneira. Ou será que as coisas se deterioraram ao ponto do véu finalmente ter sido erguido, mostrando sua verdadeira realidade? Talvez você finalmente esteja admitindo para si mesma que você sabia, desde o dia de seu casamento, que estava cometendo um erro.

Não é culpa sua. Nenhuma de nós jamais recebeu o manual oficial de como realmente são o casamento e os relacionamentos. Você não recebeu o comunicado. Provavelmente, o que recebeu foi a versão enfeitada da "verdade", o mito que diz que estamos todos destinados a encontrar nossa *única e exclusiva alma gêmea*, e, quando o fizermos, trombetas e harpas serão tocadas no céu, acompanhando o resto de nossos dias — felizes para sempre.

A VERDADE SOBRE "O AMOR DA SUA VIDA"

Vamos parar um segundo aqui para reconhecer que você pode estar seriamente zangada com essas circunstâncias. Misturada a essa raiva e fúria, há provavelmente bastante tristeza e decepção. Encorajo você a parar um instante agora, cerrar seus belos punhos, bater os pés no chão e simplesmente permitir que sua princesa interior grite: "Não era para ser assim!"

OK, agora respire fundo. Respire ainda mais fundo. Agora expire. O que estou prestes a dizer pode não ser o que você esperava ouvir, mas vou dizer mesmo assim.

E se *for* para ser assim?

E se a natureza de fato quiser nos unir àquela uma pessoa que mais vai nos magoar, ofender e irritar? A pessoa que tem acesso total a todos os nossos gatilhos? E se eu dissesse a você que a definição de "amor da minha vida" inclui o fato de que ele vai ser a pessoa que vai te levar à loucura e cujo propósito na vida será fazê-la compreender a si mesma de um modo totalmente novo?

A boa notícia é que esta mesma pessoa pode ser justamente a pessoa mais capaz de amar você da maneira mais profunda e incondicional. Essa pessoa é "o cara" porque ela envolve você — tanto literalmente quanto metaforicamente — mais do que ninguém.

Apesar de isso agora parecer ser um contrassenso, quando conseguirmos entender o real propósito dos relacionamentos amorosos e do casamento, tudo vai fazer total sentido. Antes de mergulhar nesse vasto tópico, deixe-me contar uma história de um tempo antigo que oferece uma perspectiva a respeito de por que a maioria dos seres humanos deseja unir sua vida à outra.

Muitos anos atrás, minha amiga Jean Houston, estudiosa, filósofa e uma das pensadoras mais visionárias de nossa época, me contou uma história fascinante de Aristófanes, o aclamado filósofo e dramaturgo de comédia da antiga Atenas. Ele narra uma história louca, que compartilhou em *O Banquete*, de Platão, sobre como surgiu nosso profundo desejo de passar nossas vidas com uma alma gêmea.

Há muitos e muitos anos, nos primórdios da história, havia seres com corpos duplicados de quatro braços, quatro pernas, duas cabeças e duas genitálias. Eram criaturas grandes e redondas que rodavam sobre a Terra como palhaços, dando estrelas. Elas também possuíam grande força. Existiam três tipos desses seres: o todo macho, o todo fêmea e o "andrógino", que era metade macho e metade fêmea. Dizia-se que os machos haviam vindo do sol, as fêmeas, da Terra, e os seres andróginos, da Lua.

As criaturas tentavam escalar até o Olimpo e planejavam atacar os deuses. Zeus, os observando de seu trono, ficou com inveja do quanto eles se divertiam. Ele também tinha inveja de seus poderes. Apesar de Zeus ter considerado usar seus trovões para matá-los, ele não queria se privar da devoção e das oferendas deles. Em vez disso, resolveu aleijá-los, cortando-os ao meio com sua espada, e efetivamente separando os dois corpos. As metades separadas foram espalhadas em direções opostas, para partes diferentes do mundo.

Aristófanes alegava que é por isso que nascemos com a necessidade de encontrar "nossa outra metade". É por isso que quando uma metade finalmente conhece sua outra metade, ambas ficam delirantemente felizes e exultantes com a promessa de novo amor e prazer. Elas acreditam, pelo menos por um tempo, que estão completas, agora que foram reunidas à sua outra metade, assim conquistando sua "completude". É como se fôssemos geneticamente programados para formar pares.

O que nem essa história nem nenhum dos contos de fada se dá o trabalho de contar é que essa "completude" tem um preço. Para nos tornar completos, precisamos antes reconhecer e curar nossas feridas de infância, e todos os lugares dentro de nós onde não tivemos nossas necessidades atendidas pelos nossos pais ou principais responsáveis. São nossas feridas mais inconscientes que, sem percebermos, criam o caos e a tensão em nossos relacionamentos amorosos. Infelizmente, a maioria de nós jamais aprendeu ou teve exemplos de como ter um relacionamento amoroso, gentil, companheiro e bem-sucedido. Não recebemos as ferramentas necessárias para navegar pelos inevitáveis conflitos que surgem em relacionamentos, deixando a maioria de nós se debatendo no fundo de um turbilhão emocional, repetindo o que quer que tenhamos testemunhado quando crianças.

A maioria de nós não cresceu com pais exibindo excelentes habilidades de comunicação. Talvez o ambiente de sua infância a tenha apresentado a uma dinâmica desestruturada de relacionamento adulto. Talvez você tenha testemunhado os hábitos silenciosos, passivo-agressivos e raivosos que acompanham tantas interações familiares. Talvez tenha crescido sob a sombra de um relacionamento parental hostil e verbal ou fisicamente abusivo. Nós absorvemos essas lições e em seguida procuramos exatamente a pessoa que vá reforçar o que aprendemos. Para o bem ou para o mal, não há pessoa melhor para despertar todos os seus traumas do que sua alma gêmea.

O QUE UMA ALMA GÊMEA É... E O QUE NÃO É

"Alma gêmea" é um daqueles termos extremamente carregados que têm significados diferentes para quase todo mundo. Pessoalmente, acredito que uma alma gêmea seja em primeiro lugar alguém com quem você se sinta física e emocionalmente seguro. Alguém com quem consiga ser completamente você mesma, alguém com quem você compartilha amor incondicional, e que, ao olhar nos olhos dessa pessoa, tem a sensação de estar "em casa". Se você aceita esta definição, verá que todas temos muitas almas gêmeas em nossas vidas — não apenas nosso companheiro romântico, mas também possivelmente nossos filhos, pais, irmãos, amigos, companheiros de trabalho, e até mesmo nossos animais de estimação!

Aqui vão diversas outras definições complementando a noção de almas gêmeas que acho extremamente precisas:

Uma alma gêmea é alguém cujas fechaduras coincidem com nossas chaves, e cujas chaves coincidem com nossas fechaduras. Quando nos sentimos seguros a ponto de abrir as fechaduras, surge o nosso eu mais verdadeiro e podemos ser completa e honradamente quem somos. Cada um descobre a melhor parte do outro. Não importa o que mais dê errado ao nosso redor, com aquela pessoa estamos seguros em nosso próprio paraíso. Nossa alma gêmea é alguém que compartilha de nossos mais profundos desejos, nosso senso de direção. Quando somos como dois balões, e juntos nossa direção é para cima, provavelmente encontramos a pessoa certa.

RICHARD BACH

As pessoas acham que sua alma gêmea é sua metade perfeita, e é isso que todos querem, mas uma verdadeira alma gêmea é um espelho, a pessoa que mostra a você tudo que o está atrasando, a pessoa que faz você prestar atenção em si mesmo para que você possa mudar sua vida.

ELIZABETH GILBERT

Uma alma gêmea é uma conexão contínua com outro indivíduo que a alma escolhe novamente em diversas épocas e lugares ao longo das vidas. Somos atraídos por outra pessoa num nível de alma, não porque essa pessoa é nosso complemento único, mas porque estar com aquele indivíduo de alguma forma nos provê da motivação para que nos tornemos completos por nós mesmos.

EDGAR CAYCE

[Com sua alma gêmea] você abre seu coração sabendo que existe a chance de ele ser partido um dia, e, ao abrir seu coração, você experimenta um amor e alegria que nunca sonhou serem possíveis.

BOB MARLEY

Um dos maiores mitos sobre almas gêmeas é o de que cada um de nós recebe um grande amor a cada vida. Isso simplesmente não é verdade. A boa notícia é que todos temos muitas e muitas possíveis almas gêmeas a cada vida. Frequentemente, digo a meus alunos que acredito que encontrar a alma gêmea é a parte fácil. A parte difícil é aprender a viver com e manter-se continuamente comprometido com sua alma gêmea. Isso requer uma dose diária de dedicação, devoção e prática. Aqueles casais que acabaram de se apaixonar nunca acreditam totalmente em mim. Com a "mentalidade encantada" por doses extremas de dopamina e oxitocina no cérebro, é difícil pensar no dia em que sua alma gêmea pode ser vista como um companheiro de cela altamente irritante e indesejado.

Pode parecer que se apaixonar é um truque da natureza. Quando conhecemos alguém que consideramos especial, tudo se encaixa. Somos preenchidos por sentimentos delirantemente felizes, e tudo é simplesmente tão "certo". E, então um dia, bum! Parece que uma bola de canhão foi atirada no nosso peito e subitamente estamos no fundo do poço da tristeza. Nosso incrível e brilhante amado é a fonte de enorme dor e dúvida.

Acontece com praticamente todo mundo. Eu estava completamente despreparada quando isso aconteceu comigo. Quando Brian e eu nos conhecemos, foi simples e mágico. Ambos soubemos naquele dia, 18 anos atrás, que estávamos destinados a passar nossas vidas juntos. Ficamos noivos e nos casamos um ano depois. Como a maioria dos casais recém-apaixonados, achávamos um ao outro infinitamente fascinantes. Sempre que estávamos juntos, a água parecia mais molhada, o ar tinha um cheiro mais doce, e a vida era um enorme mar de rosas.

> A alma é a parte mais elevada e nobre de você mesmo.
>
> *Gary Zukav*

E então um dia, num momento completamente normal de um dia também normal, no meu escritório, "aconteceu". De repente meu tranquilo e quase sempre feliz Brian pareceu estar zangado comigo.

O escutei dizer:

— Você não está me ouvindo.

Imediatamente defensiva, respondi que estava, sim. Até repeti exatamente as palavras que ele dissera.

Mas ele insistiu:

— Não, você não estava prestando atenção. Está *sempre* ocupada demais checando seu e-mail. Você simplesmente não parece interessada no que tenho a dizer.

A tensão no ar era palpável e incômoda. Esse era um território novo. Eu nunca ouvira aquele tom de voz antes. Senti como se eu tivesse cinco anos de idade e estivesse sendo acusada de ser "má" ou estar "errada". Foi uma sensação horrível.

De alguma maneira, resolvemos. Pedi desculpas por aparentar não estar escutando. Ele pediu desculpas. E aquilo, pensei, havia passado.

Até que aconteceu... de novo. E de novo. E de novo.

Sendo relativamente esperta, tentei me lembrar de estar focada e presente quando Brian e eu estivéssemos conversando, mas não foi fácil. Nunca fui uma boa ouvinte. Brian não fora o primeiro homem a sinalizar aquilo a mim.

Estou sempre imersa em meus pensamentos, e quando outra pessoa está falando, às vezes meus próprios pensamentos parecem mais interessantes para mim, e eu desapareço. Considero isso uma tendência minha a "me desligar" ou "viajar".

O padrão estava claro. Eu me desligava, ou Brian percebia que eu estava me desligando e não escutando. Ele então chamava minha atenção, e depois eu ouvia suas palavras de acusação e raiva. Eu ficava na defensiva e as coisas ficavam feias. Não me lembro durante quantos anos esse padrão durou, mas felizmente demos um jeito.

Brian era o mais novo de sua família. Com dois irmãos mais velhos, um pai advogado e uma mãe exuberante, ele, como o caçula, sentia que precisava lutar para ser ouvido. Na minha família, eu era a mais velha de três. Estava sempre mais interessada nos meus próprios pensamentos do que nos de qualquer outra pessoa. Em algum lugar da minha infância, desenvolvi um medo de errar e de ser acusada de ser "má" ou de estar "errada". No instante em que sinto que estou sendo acusada de fazer algo errado, eu imediatamente fico na defensiva. Acabou que nossas feridas de infância eram um par perfeito para desencadear uma à outra.

O problema desapareceu completamente? Não. De alguma maneira, mesmo reconhecendo nossas "questões" individualmente, às vezes, quando menos esperamos, lá estão elas novamente.

Nossos confrontos ocasionais servem como um lembrete do que precisamos aprender um com o outro. Eles na verdade fornecem um certo nível de constância, por mais irritantes que sejam.

Harville Hendrix e sua esposa e companheira de ensino, Helen LaKelly Hunt, têm estudado os relacionamentos há mais de quarenta anos. Como terapeutas e pesquisadores, eles são cocriadores da *Imago Relationship Therapy*. Ela é imensamente popular por causa de sua simplicidade.

Imago sugere que o propósito de se ter um parceiro é completar nossa infância e curar as feridas que experimentamos quando crianças. Buscamos um parceiro que tenha várias das características de nossos pais e cuidadores na esperança inconsciente de que eles nos ajudem a nos sentirmos inteiros novamente.

Isso significa que nos casamos com nossa mãe ou pai? Basicamente, sim. O parceiro que escolhemos acaba sendo uma mistura de todas as pessoas que cuidaram de nós. Essa pessoa ideal é chamada de "imago", ou imagem perfeita. Inconscientemente fantasiamos que, se conseguirmos fazer essa imagem perfeita nos amar exatamente como queremos, então a dor que sentimos desde a infância, quando não tivemos nossas necessidades atendidas, irá embora e será curada.

Como encontramos parceiros que nos ajudam a encerrar os assuntos inacabados da infância, nossos relacionamentos adultos e lutas parecem familiares, porque eles nos lembram de nossos primeiros cuidadores. Esses relacionamentos nos apresentam a oportunidade de curar feridas antigas e encontrar profunda satisfação relacional. Mas é uma oportunidade, não uma garantia.

Os pesquisadores acreditam que, num nível inconsciente, temos um "selecionador de parceiro" embutido, uma espécie de filtro, construído a partir da infância, que determina quem vamos escolher como parceiro íntimo na vida adulta. Esse seletor é construído a partir das nossas interações com nossos pais. Ele é designado para filtrar alguém que desencadeie em nós as experiências emocionais dolorosas que tivemos com nossos pais na infância. Essas serão necessidades que não foram satisfeitas, mas frequentemente serão necessidades das quais não tínhamos consciência.

Então conhecemos alguém e nos apaixonamos e parece que nós dois estamos em sintonia em relação a quase tudo. Esta é a chamada fase de lua de mel, na qual a vida é maravilhosa. Então, como se atingidos por um raio, somos tomados por um novo senso de realidade que nos atinge profundamente. De repente, nos sentimos compelidos a dizer algo como: "Ai, meu Deus! Estou me sentindo exatamente como quando eu estava perto do meu pai", ou "A maneira com que você está me olhando me lembra a da minha mãe". Uma tempestade de emoções toma conta de nós enquanto nossas velhas e profundas feridas vêm à tona. É um processo doloroso, porém necessário, para nos aproximar de nosso parceiro. Por mais paradoxal que pareça, é ele que vai nos ajudar a superar aquela dor por nos fazer lembrar de nossas origens.

Compartilhar seus maiores medos com outra pessoa é um grande ato de confiança e intimidade. A história de Harville Hendrix é uma na qual o ato de revelar seus piores medos à sua esposa os uniu mais do que nunca.

Durante anos, Harville lutou com a falta de pontualidade de sua esposa e sua inabilidade de avisá-lo quando poderia se atrasar. Ele se preocupava incessantemente até ela chegar, gastando muita energia numa coisa que não podia controlar. Não tinha nada a ver com Helen. A reação dele ao atraso dela tinha a ver com a morte traumática de sua mãe quando ele tinha seis anos de idade.

A mãe de Harville tinha ido ao pomar de sua pequena fazenda no sul da Georgia para buscar nozes. De repente, Harville notou os adultos correndo até o pomar. Em poucos minutos, eles voltaram carregando sua mãe, que obviamente desmaiara. Eles a colocaram na cama e em seguida colocaram Harville para dormir. Na manhã seguinte, um de seus tios o acordou gentilmente e disse: "Sua mãe faleceu. Gostaria de vê-la?"

Ele então levou Harville para outro quarto, onde sua mãe estava deitada. Naquele momento, a mente de Harville fez a conexão entre a ida de sua mãe ao pomar e ela não voltar mais viva.

Quando Harville contou sua história a Helen, ela conseguiu identificar a fonte de sua reação. Juntos, eles criaram um plano em que ela sempre ligaria para avisá-lo que estava bem toda vez que fosse se atrasar. Aquilo fez um mundo de diferença para os dois lados: Harville se sentiu ouvido, e Helen pôde agir de maneira que acalmasse as preocupações dele. Trabalhando no trauma antigo de Harville, ambos conquistaram um novo nível de apreço pelo outro e puderam se ver sob uma luz inteiramente nova.

Harville diz que a quebra da ilusão é uma das experiências mais chocantes e terríveis da vida de casado. E, assim como estar apaixonado provoca uma química cerebral específica, essa fase posterior também causa uma mudança nessa química cerebral — os níveis de dopamina diminuem, enquanto os de cortisol aumentam — conforme passamos da excitação à frustração, medo, conflito e oposição. Harville escreveu:

> Nossa necessidade inconsciente é ter nossos sentimentos de vitalidade e totalidade restaurados por alguém que nos lembra dos nossos cuidadores. Em outras palavras, procuramos por alguém com os mesmos déficits de cuidado e atenção que nos magoou em primeiro lugar. Então, quando nos apaixonamos, quando os sinos tocam e o mundo parece em geral um lugar melhor, nosso cérebro está nos dizendo que encontramos alguém com quem finalmente podemos suprir nossas necessidades. Infelizmente, considerando que não entendemos o que está acontecendo, ficamos chocados quando a verdade de nosso amado vem à tona, e nosso primeiro impulso é sair correndo na direção contrária.

Ter uma ama gêmea é uma linda dança na direção da totalidade se você está disposto a permitir e a aprender com os inevitáveis e feios percalços no caminho de um relacionamento. A boa notícia é que você não é mais criança. Você é um adulto integralmente equipado para superar aquelas feridas originais no seu mais profundo interior. Sua alma gêmea é como um companheiro no caminho para a cura.

Matt Licata, um psicoterapeuta e editor de Boulder, Colorado, descreve o parceiro alma gêmea como um "guia turístico selvagem que vai levar você até a vasta e fértil realidade da totalidade". Apesar de frequentemente exigirmos que nossos parceiros possam de alguma forma resolver nossas questões emocionais magicamente e oferecer o que Matt chama de "um lugar de descanso final onde a vulnerabilidade, a sensibilidade e a ternura" possam se acomodar, a realidade é bem diferente:

> Apesar de não ser fácil, você está vendo que é por meio de sua vulnerabilidade, sensibilidade e transparência que o amor con-

segue usar seu corpo, sua psique, sua ternura, para emergir das estrelas e abençoar este mundo triste. Honre o fogo que arde dentro de você, pois ele é o elo para o desdobramento do ser mais puro.

Nossas almas gêmeas nos acompanham em nossa jornada mesmo quando estamos despedaçados e esgarçados. Na verdade, é justamente quando estamos despedaçados que a totalidade pode emergir por meio do amor que experimentamos um pelo outro. Cada um de nós tem um caminho diferente que devemos tomar. Assim como ninguém pode respirar por nós, precisamos nós mesmos completar essa jornada.

O QUE É O AMOR E COMO ELE É DIFERENTE DE SE "ESTAR APAIXONADO"?

Alguns cientistas até se referem a estar apaixonado como uma forma de vício. Quando estamos apaixonados, temos "desejo" de verdade por outro ser humano e queremos consumir aquela pessoa de todas as maneiras possíveis. Nesse estado, que chamamos de "estar apaixonado", a química de nosso cérebro nos põe num irresistível e elevado estado de euforia.

Através de tomografias, cientistas conseguem de fato ver as diferentes partes de nosso cérebro quando estamos apaixonados e as observar se "acenderem". Estar apaixonado é um evento mensurável. E como todos sabemos, a montanha-russa louca de química cerebral que vem com isso não dura.

Estar apaixonado é a maneira que a natureza tem de nos unir; nos manter juntos, no entanto, requer mais do que apenas química cerebral. O verdadeiro amor, o tipo que dura uma vida inteira, é resultado de adultos emocionalmente

> "Acredito que a alma é a essência de quem e o que somos. Ela vem com códigos e possibilidades de quem somos e quem vamos nos tornar. Ela é a isca de nossa transformação."
>
> *Jean Houston*

maduros que põem de lado os contos de fada de "felizes para sempre" em troca de, como diz minha boa amiga Katherine Woodward Thomas, felizes agora e sempre.

As duas coisas mais importantes para entender a respeito do amor podem ser resumidas desta maneira: o amor é tanto uma escolha quanto um comportamento. Todos os dias escolhemos quem amamos e escolhemos expressar esse amor através de comportamentos amorosos. O termo "amor incondicional" significa que, apesar de nem sempre "gostarmos" do que nossos parceiros estão fazendo, escolhemos amá-los — por inteiro —, a parte boa, a ruim e a feia. Isso não significa que nos colocaremos em risco; talvez tenhamos que amar essas pessoas de longe se elas se tornarem um perigo para nós.

Este livro *não* é sobre relacionamentos virulentos. Ele *não* é sobre como lidar com relacionamentos que se tornaram tóxicos, nocivos ou abusivos. Se você está num relacionamento extremamente negativo do qual não vê saída, procure ajuda. Esse pode ser o caminho certo para seguir adiante. Se você está num estado de decepção, frustração ou raiva, continue lendo, porque este livro é sobre levar você de volta ao caminho para o amor mais profundo possível com o parceiro que você escolheu.

Para navegar por seu relacionamento com sucesso, é útil entender o que o amor é — e o que não é. O amor não é possessivo. Um surto violento de ciúmes não significa que alguém ama você. Significa que a pessoa se sente ameaçada, o que frequentemente se transforma em ameaças direcionadas à pessoa mais próxima — *você*. O amor não é culpar outras pessoas, tornando-as erradas por quem elas são ou tentando controlá-las as espionando, olhando seus celulares às escondidas em busca de mensagens, ou outros comportamentos desconfiados. O amor não é sobre nenhuma dessas coisas.

O amor é conexão. O amor é um sentimento. O amor é a parte mais gostosa da vida. O amor abre nosso coração, expande nosso mundo e traz um sorriso até nossos lábios. Pelo amor, fazemos compromissos e concordamos em dividir nossa vida com o outro nas horas boas e ruins.

Quando juramos amor a outra pessoa, dizemos: "Vou amar você nos seus dias bons e ruins. Serei seu porto seguro. Vou dividir com você minha atenção, afeto e apreço. Com você me tornarei uma mulher melhor, e comigo você se tornará um homem melhor. Eu serei sua melhor amiga, amante, parceira e protetora. Se as coisas não derem certo, não vou renunciá-lo."

O amor não é somente feito de coisas brilhantes e reluzentes. Apesar dessas coisas serem boas para um dia especial, não representam fundamentalmente o que significa o amor. O amor é tanto sobre dar quanto sobre receber, e também é estar disposto a perdoar. Não esqueçamos que o amor também é sobre contar a verdade.

O amor é Deus. O amor é *quem* nós somos. O amor é por que estamos aqui.

Para resumir, o amor é tudo que há. Todo o resto é uma ausência do próprio propósito de se estar nesta Terra. Esse é o motivo pelo qual confunde, dói e decepciona quando nossas expectativas de como o amor deveria surgir em nossas vidas não são satisfeitas.

Você acreditaria em mim se eu dissesse que os ingredientes para despertar seu amor estão a seu alcance, no fim das contas? Que sua situação não é uma causa perdida? Que não importa o que aconteça entre você e seu parceiro, você está no caminho certo? Como sei disso? Porque se você não estivesse, já teria parado de ler a essa altura. Isso significa que você tem esperanças no coração para uma nova maneira de ser, e este é o primeiro passo para a cura.

Você pode ainda não estar acreditando em mim, mas é possível redescobrir aquele parceiro atraente, atencioso e engraçado que um dia você conheceu. Sua vida agora chata pode ser transformada conforme você recaptura aquela magia que vocês dois um dia tiveram, obtendo um nível de proximidade e conexão em seu relacionamento diferente de qualquer coisa que vocês já tenham tido.

Você não sabia que possuía estes poderes incríveis e transformadores, sabia? Bem, você tem. Todo mundo tem. Não dá "trabalho", não é "difícil", e não requer anos de terapia cara nem toneladas de tempo. Na verdade, você nem precisa ter "aquela conversa" com seu parceiro para experimentar a mudança que procura.

Você vai precisar de algumas ferramentas para acompanhá-la nesta jornada de transformação. Vai precisar do desejo de melhorar seu relacionamento, de disposição para experimentar coisas novas e da estratégia certa. Alguns ajustes serão necessários, mas nada demais. E porque jamais falo de alguma coisa que eu mesma não tenha experimentado, prometo a você que essas pequenas mudanças não vão doer nem um pouco. Na verdade, elas serão tão gostosas que você vai implorar por mais.

Está pronta para ter mais amor e menos medo? Mais risadas e menos raiva? Mais energia e menos stress?

Continue comigo. Eu estou apenas começando.

DOIS

Entendendo os homens: o Marciano, o Herói e o Homem das Cavernas

Eu sou esquisito, você é esquisito. Todo mundo neste mundo é esquisito. Um dia, duas pessoas se unem em sua esquisitice e se apaixonam.

Dr. Seuss

O céu estava tracejado por uma magnífica gama de luz cor-de-rosa e âmbar contra as nuvens cinza-claras do fim de uma tarde de novembro. Estávamos sentados às margens do rio Ganges, em Rishikesh, na Índia, com uma dúzia de amigos nossos, vendo um homem sagrado com muito cabelo, barba comprida e roupão laranja simples oficiar um casamento hindu.

A noiva resplandecia em seu sári escarlate, adornado com camadas de joias de ouro que iam de sua testa até seus tornozelos. O noivo usava um turbante na cabeça e um traje de seda indiano tradicional. Ambos pareciam majestosos e, ainda assim, solenes. Diferentemente dos casamentos americanos, ninguém parecia estar sorrindo.

No final da cerimônia, o homem sagrado e o casal andaram de uma plataforma até as bordas de pedra não muito longe de nós e se sentaram entre oito jovens rapazes, todos usando roupões amarelos. Era hora do *aarti* do pôr-do-sol diário, uma cerimônia sagrada que inclui incensos, cânticos e oferendas. Havíamos pago uma pequena quantia de rupias para comprar as oferendas, que consistiam em pequenas redes de folhas de palmeiras recheadas de pétalas de flores e uma pequena vela para infundir nossas preces antes de libertá-las na correnteza da Mãe Ganga.

O homem santo e diversas mulheres usando sáris laranja conduziam o coro de meninos e todos ao redor deles numa série de cânticos. De vez em quando, ele parava e conversava com os noivos. Apesar de não conseguirmos entender o que ele estava dizendo, diversas vezes o escutamos dizer em nossa língua: "OK, querida", e o casal e todo mundo perto explodia de rir. Finalmente conseguimos ver alguns sorrisos da noiva e do noivo.

No final da cerimônia, fomos até o arco de ferro forjado de mais de três metros que marca a entrada de um *ashram*. Era aqui que nosso pequeno grupo havia combinado de se reunir antes de voltar ao nosso hotel, na cidade sagrada de Haridwar, perto dali. Enquanto esperávamos o grupo todo se reunir, notei uma mulher ocidental de roupão laranja passando por mim rapidamente. Imediatamente a reconheci de um especial da HBO sobre a Índia que havíamos assistido muitas vezes, e a chamei.

Com um grande sorriso, ela se virou e me perguntou:

— Gostaria de conhecer Swamiji?

É claro que concordei e então expliquei que também estava com quase uma dúzia de amigos, ao que ela respondeu:

— Sem problemas. Leve-os também!

Em minutos estávamos todos sentados aos pés do guru e de uma adorável americana, segunda no comando do *ashram*, Sadhvi Bhagawati Saraswati. O guru do *ashram* Parmarth Niketan, Pujya Swamiji, falava nossa língua perfeitamente e nos encorajou a perguntar a ele ou a Sadhvi o que quiséssemos.

Nada tímida, rapidamente ergui a mão e perguntei:

— O que você estava dizendo ao casal de noivos que terminava com "OK, querida"?

Swamiji riu e explicou:

— Eu disse ao noivo que a chave para um casamento de sucesso é muito simples. Sempre que sua esposa pedir alguma coisa a ele, sua resposta automática deve sempre ser "Ok, querida".

O guru não estava propondo ao noivo que ele concordasse de mentira com sua noiva, e sim que ele oferecesse um consentimento respeitoso às necessidades de sua esposa. Ele deu ao casal duas palavras que comunicam compreensão, escuta e respeito, duas palavras que podem fazer toda a diferença.

Harmonia, ou pelo menos a ausência de uma guerra declarada, é o que a maioria das pessoas deseja num relacionamento duradouro. Tenho certeza de que seu cônjuge não acordou esta manhã se perguntando de que maneira ele poderia enlouquecer você hoje.

Na verdade, há uma grande chance de que ele adoraria saber *exatamente* o que precisaria acontecer para fazer seu dia ser um dos melhores da sua vida. Nada o faria mais feliz do que ver você feliz.

Não acredita em mim, né? Provavelmente está pensando: "Ah, ele sabe exatamente o que quero dele. Digo a ele todo dia, o dia todo. Se ele ao menos se lembrasse de recolher suas toalhas molhadas do chão do banheiro e de tampar a pasta de dente, de tirar o lixo e ajudar Johnny com seu dever de matemática..."

Parece familiar? Assim como ninguém recebe o manual de como ser feliz para sempre, os poderes divinos também se esqueceram de nos dar as instruções para entender os homens. A maior parte das mulheres vive como se os homens fossem simplesmente o que minha amiga e especialista em relacionamentos, Alison Armstrong, chama de "versões mais peludas de nós mesmas". Esperamos que os homens pensem como nós, reajam e respondam como nós, e se comportem de determinada maneira. E quando eles não o fazem, ficamos surpresas, desapontadas e frustradas.

Leslie, irmã de minha amiga, reclama constantemente que seu marido deixa suas meias sujas pela casa toda. Ela até começou a dar nomes para elas enquanto perambula pela casa, catando as coisas dele com a cara fechada. Ela se pergunta por que ele parece não conseguir ouvi-la toda vez que grita com ele a respeito de sua bagunça. Quando mais zangada ela fica, mais reticente ele se torna.

A boa notícia é que o ciclo de mal-entendidos pode ser quebrado assim que você descobre algumas questões simples que diferenciam os homens das mulheres. Quando você reconhecer essas áreas, vai ter a chave para facilmente ter o que você quer de seu parceiro. Não é uma questão de manipulá-lo, e sim de entender de onde ele vem para aumentar as chances de ambos terem suas necessidades plenamente atendidas.

A cultura masculina não é a mesma que a feminina. Como o dr. John Gray explicou há mais de vinte e cinco anos em seu best-seller internacional, *Homens são de Marte, Mulheres são de Vênus* (um clássico que ainda ressoa hoje, mesmo que tenha sido um dos primeiros livros a examinar as diferentes mentalidades de homens e mulheres), homens não são mulheres e mulheres não são homens. Quando compreendemos as diferenças entre os dois gêneros, podemos resolver uma imensidão de questões de relacionamento.

Deixe-me ser clara. Temos vidas ocupadas, e eu seria a última pessoa a acrescentar mais uma coisa à sua lista de afazeres. Não estou falando em fazer mais; estou na verdade falando em fazer menos — e em fazer de uma maneira diferente. Veja isso como aplicar suas melhores habilidades interculturais em cada interação com seu parceiro.

John Gray sugere que os homens precisam sentir que suas mulheres os vejam como seu herói. É genético. É parte de quem eles são. "Basicamente", diz Gray, "os homens não se sentem motivados se não houver recompensa."

Falando honestamente, quem se sente? Todos gostamos de ser recompensados pelo bom trabalho que fazemos. As mulheres tendem a encontrar suas recompensas numa relação, enquanto os homens tendem a encontrá-las na ação. Só essa diferença já é capaz de causar bastante problema, se negligenciarmos como cada um experimenta a recompensa que procura. Gray sugere que homens e mulheres são motivados por coisas bem diferentes. "Os homens são motivados quando se sentem necessários, enquanto as mulheres são motivadas quando se sentem queridas". Consegue se identificar?

Você já se perguntou: "Por que preciso de um homem?" Segundo Gray, as mulheres precisam dos homens para não terem que fazer tudo sozinhas. As mulheres precisam dos homens para sentirem que há alguém que as apoie a serem quem elas querem ser. Não é uma questão de *codependência*; é uma questão de *interdependência*.

Os homens são atraídos por mulheres que lhes dão a sensação que se sentem realmente sortudas por estarem com eles, como se realmente tivessem ganhado na loteria por estarem com um cara tão incrível. Gray alega que o homem quer sentir que você é a mulher mais sortuda do mundo, porque ele tem algo que pode fazê-la realmente feliz. Ele quer ser a chave que encaixa em seu cadeado ou — para usar um exemplo de conto de fadas — ser aquele que tem nas mãos o sapato do tamanho exato, só para você.

Quando um homem pode fornecer algo a você, quer seja dando apoio emocional, tirando o lixo, pintando a casa ou fazendo uma boa refeição, dizer a ele como você se sente bem tendo esse tipo de apoio, e como isso a faz feliz, o enche de alegria.

Conversa de Homem

Segundo uma equipe de pesquisadores da Universidade da Pensilvânia, os cérebros das mulheres são literalmente conectados de maneira diferente que o dos homens. Enquanto o córtex feminino tem uma tendência mais forte a estar conectado entre os hemisférios direito e esquerdo, um arranjo que promove processamentos emocionais e intuição, descobriu-se que o córtex masculino é mais conectado às partes de trás do cérebro, como o cerebelo, que promove maior coordenação entre percepção e ação[1]. Se soubermos que nossas diferenças no modo de pensar vêm de nossa fisiologia, podemos encontrar uma maneira para entender um ao outro através de técnicas simples.

Agora respire fundo mais uma vez, porque o que estou prestes a dizer pode parecer como se você precisasse assumir tudo sozinha. Você não precisa. Entender como os homens pensam vai fazer com que seja muito mais fácil se identificar com eles. Como sabemos que as mulheres tendem a ser melhores em criar conexões emocionais, podemos alavancar esta habilidade para nossa vantagem. Esse é o objetivo de seguir este exercício.

Quando fizer a ele uma pergunta, por exemplo, siga o conselho da especialista em relacionamentos Alison Armstrong. Ela sugere colar um pedaço de fita adesiva imaginária sobre sua boca. Dê a ele o tempo que ele precisar para responder. Homens preferem fazer uma coisa de cada vez. Se você fizer a ele duas perguntas seguidas, vai confundi-lo. Uma vez, uma amiga pediu a seu marido para abaixar a janela do carro e pegar uma saída ao mesmo tempo. Eles quase foram para fora da estrada.

Quando seu parceiro lhe responder, não reaja com outra pergunta. Ele realmente precisa de uma frase que mostre que você está escutando antes de prosseguir para a próxima questão. Segundo John Gray, responda com uma frase como "Bem, isso faz sentido.", ou "É uma boa ideia.", ou "Fale-me mais sobre isso." E então dê sua opinião sobre o que ele disse. John Gray diz que os homens se conectam a você quando sentem que você os está escutando.

Gray diz também que seu tom de voz é um componente crítico da boa comunicação. Se sua voz tem um tom emocional aparentemente frustrado ou magoado em vez de feliz e alegre, um homem tende a grosseiramente exagerar o significado daquele tom. De repente, através da própria má interpretação dele, ele sente que não está mais no modo herói. Ex-heróis são péssimos ouvintes, amantes e amigos.

Isso não significa que você deve fingir que está tudo bem, que não deve compartilhar o que está sentindo. Compartilhar seus sentimentos é fundamental para a saúde de qualquer relacionamento. Fazê-lo apenas requer a configuração apropriada para evitar mal-entendidos. Naquelas vezes em que você precisa falar as coisas apenas para compartilhar o que está sentindo, comece com um curto prelúdio como: "Querido, só preciso falar sobre o que estou sentindo por alguns minutos para me sentir melhor. Só preciso que você escute. Você não precisa consertar nada, e certamente não precisa mudar nada em você. Só quero ter alguém para me escutar e com quem dividir meus sentimentos." Então limite-se a dez minutos e termine com: "Obrigada por me deixar desabafar. Sinto-me tão melhor." Ao usar essa abordagem, ele entende que você pode estar emocionalmente chateada com as coisas, mas que pode rapidamente se recuperar.

Explorando o Herói Interior de seu Parceiro

Lembra-se de Leslie, irmã da minha amiga? A que estava presa num ciclo interminável de reclamações sobre bagunça e resistência de seu marido? Você pode estar numa situação parecida, tendo pedido a seu parceiro para que ele tire o lixo ou recolha suas roupas sujas. Talvez tenha usado o tom de voz mais agradável ao longo dos anos, ou talvez tenha gritado um milhão de vezes da maneira mais aguda e estridente. De uma maneira ou de outra, nada funcionou, certo?

Nossa frustração vem de mais um mito que nos deram de colher: "Se ele realmente me amasse, saberia o que quero e o que preciso dele." Ou que tal essa? "Se ele ao menos prestasse atenção e realmente quisesse me fazer feliz, seria óbvio o que precisa ser feito."

Só que não óbvio. É como um holandês conversando com um alemão. Os sons são similares, mas muitas vezes as palavras têm significados diferentes.

Os homens não escutam o que dizemos da maneira que presumimos que deveriam. Achamos que estamos falando a língua dele, mas não estamos. Estamos dizendo "roxo" e eles escutam "cor-de-rosa".

Para evitar mal-entendidos, uma ligeira mudança na formulação pode fazer uma enorme diferença. Digamos que você está com fome. Você diz a seu parceiro: "Ei, quer sair para jantar hoje?" Ele, no entanto, não está ouvindo que você está pedindo para ir comer num restaurante. O que ele está ouvindo é que você não quer cozinhar para ele. Apesar de você estar bastante certa de que acaba de deixá-lo a par do que você gostaria, a cabeça dele está em outro lugar. Ele escuta as palavras, mas tira delas um significado completamente diferente. Por que isso acontece?

Tudo se resume ao que motiva os homens *versus* o que motiva as mulheres. Em primeiro – e principal – lugar, os homens querem que seus pensamentos sejam respeitados, assim como nós mulheres, mas é igualmente importante para eles saber o que suas ações nos oferecem.

Em seu best-seller, *The Queens Code* (O código das Rainhas), Armstrong explica da seguinte maneira: "Para um homem, nada vale a pena fazer, mas tudo vale a pena prover." Com isso, Armstrong quer dizer que pedir a um homem para fazer uma tarefa em particular sem deixá-lo a par do que esta ação "oferece" a você não lhe dá uma maneira de ganhar. Os homens gostam muito de ganhar pontos e não ligam muito em fazer alguma coisa só por fazer. Os homens precisam realmente obter o "benefício" do que estão fornecendo a você. "Prover" lhes dá um propósito. Homens querem naturalmente prover às mulheres, mas muitas mulheres estão acostumadas a prover tudo para si mesmas hoje em dia. O resultado é uma espécie de castração para eles. Então eles se isolam porque chegam à conclusão de que não têm com o que contribuir. Eles estão pensando: "Para que fazer algo se minha mulher pode fazer no meu lugar? Ela não precisa de mim." E assim o ciclo de mal-entendidos continua.

Numa entrevista com Alison, ela me deu mais um exemplo útil de como evitar esse tipo de mal-entendido. Suponha que você diga a seu parceiro: "Querido, vamos ao cinema hoje à noite?" e que ele responda simplesmente dizendo "Não." Você pode ficar magoada pela resposta dele e se sentir rejeitada.

Mas aqui está a questão. O motivo dele não ter aceitado não é o que você pensa. Na cabeça dele, ele está pensando: "É sexta-feira à noite. Estou cansado. Só quero relaxar."

Apesar de ser a verdade e de poder ajudá-la a entender o que ele realmente está pensando, ele não vai dizer aquilo a você porque, segundo Alison, não é natural para os homens apresentar uma contrapartida. Então você acaba sentindo que ele não quer passar tempo com você. Só que não é o caso. Tudo depende da linguagem que você usa e que lhe dará o resultado que está procurando.

Uma abordagem mais eficaz seria assim: "Querido, eu adoraria curtir um tempo com você, então a gente podia ir ao cinema neste fim de semana!" Uma linguagem focada em resultados dá ao seu parceiro a informação que ele está procurando. Ele precisa saber o efeito que suas ações teriam em você. Quando se formula desta maneira, ele não está limitado a "esta noite"; ele tem opções e entende que o que você realmente está pedindo é um tempo juntos.

A especialista matrimonial dra. Patricia Allen alega que o mais profundo desejo de um homem é ter seus pensamentos respeitados. O *coach* de relacionamentos Mat Boggs leva ainda mais adiante a ideia, dizendo que a maioria dos homens prefeririam respeito ao sexo! Ele declara: "Temos um desejo profundo de prover e fornecer felicidade às mulheres."

Então não é que nossos parceiros não querem a nossa felicidade. Na verdade, é justamente o contrário! Quando aprendemos a falar de uma maneira que eles conseguem nos escutar, eles realmente vão fazer o que precisamos para sermos mais felizes.

Vejamos alguns exemplos:

1. Você quer que ele leve o lixo para fora. Da próxima vez tente isso: "Querido, quando você leva o lixo para fora para mim,

me sinto como uma rainha apreciada, adorada e amada por seu rei, que a salva de ter que lidar com aquelas latas pesadas e fedorentas."

2. Você quer que ele feche a porta da garagem: "Querido, quando a porta da garagem está fechada, me sinto segura e protegida em nossa casa, e me sentir segura e protegida me faz feliz."

3. Você quer que ele faça a reserva para o jantar sem lhe perguntar aonde você quer ir: "Querido, depois de trabalhar o dia inteiro e ter tomado um bilhão de decisões, me sinto amada e feminina quando você decide onde vamos jantar. Parece com os nossos primeiros dias juntos, quando você criava noites especiais para a gente." Mais uma abordagem bem-sucedida para fazer esse pedido seria: "Eu adoraria sair para jantar com você hoje. Aqui estão três opções de restaurantes aos quais eu gostaria de ir. Pode escolher um e me surpreender?"

Mais um bom exemplo seria o de uma coisa com a qual a maioria das mulheres já teve que lidar: baixar o assento do vaso. Toda a insistência, persuasão e exigência nunca parecem funcionar. A mesma coisa serve para arrumar a cama. Quer seja baixar o assento do vaso ou fazer a cama, nós mulheres não conseguimos os resultados que desejamos.

Armstrong diz que a primeira coisa da qual você tem que desistir a respeito da questão do vaso é "a expectativa de que 'para baixo' é certo e 'para cima' é errado". Ter o assento do vaso para cima é eficiente para ele, e os homens gostam de ser eficientes. Apesar de ele poder ficar irritado por você ficar chateada e zangada com ele por não ter feito essas coisas, isso não vai amedrontá-lo, e ele não vai fazê-las só para você não ficar chateada. O que ele precisa é de um *bom* motivo para baixar o assento do vaso ou fazer a cama. Para fazer isso, você precisa explicar a ele como essas ações irão prover você com alguma coisa.

Eis como Alison resolveu o problema do vaso com seu marido, Greg. Ela começou lhe perguntando: "Este seria um bom momento para lhe dizer uma coisa da qual realmente preciso?" Então ela explicou três coisas a ele:

1. "Para mim, a privada é nojenta. Para baixar o assento, preciso tocar nele, e isso se torna uma experiência nojenta!"
2. Muitas vezes preciso fazer xixi no meio da noite. Quando o assento do vaso está levantado, acabo caindo na privada com a bunda bem na água gelada, o que é horrível."
3. Quando ele respondeu: "Por que não acende a luz?", ela explicou: "Se eu acender a luz meu cérebro começa a funcionar e então não consigo voltar a dormir."

Ela também contou a ele que ao abaixar o assento, ele seria seu herói e a protegeria de todas essas experiências ruins. Greg imediatamente a atendeu. Alison notou e começou a expressar o quanto estava agradecida nas próximas diversas vezes em que viu o assento abaixado. Problema resolvido!

O que acontece quando você não pede o que quer ou o que precisa? O que acontece se você reprime sua fúria interna? Alison diz:

Há um enorme mito no qual as mulheres projetam nos homens que eles são como nós e que fazem (ou não fazem) as coisas pelos mesmos motivos que nós. As mulheres sobrevivem instintivamente sendo "mais agradáveis e menos desagradáveis". O cérebro feminino tem bancos de dados que rastreiam o que outras pessoas preferem. Notamos como elas gostam de seu café, notamos se elas sempre colocam pimenta na sua comida, ou se gostam de certos tipos de piadas. Quando ouvimos um homem falar e ele diz "mas não achei minhas meias", fazemos uma anotação mental de comprar mais meias para eles. As mulheres estão sempre procurando maneiras de agradá-los. Achamos que juntamos essas informações porque os amamos, mas na verdade é um instinto muito primitivo.

Quando um homem não sabe do que precisamos, presumimos erroneamente que ele não se importa o bastante conosco. Mesmo você tendo dado pistas evidentes a respeito do que gostaria, ele não as escuta, porque seu cérebro não funciona assim. Pistas e sutilezas não são suas amigas. O que funciona é ser específica a respeito do que você quer e acrescentar o que ter aquilo fornece a você.

Quando não fazemos isso, criamos ressentimentos em ambos os parceiros. Ele quer fazê-la feliz. Ao não dizer a ele o que a faz feliz, ele não sabe como fazê-la feliz. Acaba com a confiança dele achar que nunca vai conseguir fazê-la feliz. Como resultado, ele entra no modo "evitar", gastando menos tempo e dinheiro para fazê-la feliz, porque você não deu a ele informações que ele consegue absorver. Na verdade, ele pode começar a evitar você também.

Se ele tenta descobrir sozinho e falha, a queda em espiral continua, porque você não fica feliz; ao mesmo tempo, ele vê suas tentativas agora como um mal investimento de seu tempo e energia. Se ele sente que jamais poderá fazer você feliz, a morte final acontece no cérebro dele. Ele muda para o modo "nunca consigo ganhar" e tenta evitar chatear você para diminuir a sensação de "perder". É por isso que os homens começam a mentir — para não chatear você.

Pode parecer loucura, mas esse tipo de padrão é mais comum do que você imagina. A maneira de acabar com ele é pedir o que você quer de um jeito que seu parceiro possa de fato escutar.

Pedir pelo que você quer pode não ser fácil e natural para você, então é útil estar preparada de antemão. Na próxima oportunidade que tiver de pedir alguma coisa a seu parceiro, Alison Armstrong sugere que primeiro você faça *a si mesma* as seguintes perguntas:

- Como isso vai me fazer sentir?
- O que vou poder ser ou querer ser?
- O que vou poder fazer ou estarei disposta a fazer?
- Como isso vai mudar a minha vida?
- Como isso vai mudar minha experiência nesta situação?

E então, depois de seu amado fazer o que você pediu, certifique-se de articular clara e verbalmente sua gratidão pelo que ele lhe ofereceu. Você pode estar vivendo como se ele já devesse "saber" que tirar o lixo a faria feliz, mas não é assim que funciona. *Você precisa articular claramente o que seu pedido lhe oferece.* Esta nova forma de comunicação requer alguma prática, e Alison recomenda que você pratique isso com todos os homens na sua vida, não apenas seu esposo.

Homens claramente têm expectativas e necessidades diferentes que as das mulheres. Às vezes a satisfação de suas necessidades parece estar na direção oposta da nossa. Isso pode ser amedrontador e ameaçador, mas quando percebemos a origem de seu comportamento, podemos ter a perspectiva apropriada.

O QUE OS HOMENS QUEREM MAIS DO QUE SEXO

Você se espanta com a ideia de que os homens poderiam querer uma coisa ainda mais do que querem sexo? É verdade. A ideia me fez confrontar meus próprios estereótipos e crenças alimentados por mensagens da mídia como "sexo vende" e "homens querem sexo mais do que qualquer coisa na Terra".

Simplesmente não é verdade. Na primeira vez em que ouvi isso de meu amigo e especialista em relacionamentos, Mat Boggs, quase caí da cadeira. Não acreditei no que estava ouvindo quando ele me contou que o que os homens querem mais do que qualquer outra coisa é *respeito.*

Pesquisas já mostraram que os homens prefeririam que suas esposas os amassem menos do que os respeitassem menos. Shaunti Feldhahn, colunista de um jornal americano, autora e palestrante, escreveu um livro fantástico chamado *For Women Only: What You Need to Know About the Inner Lives of Men* (Apenas para mulheres: O que você precisa saber sobre a vida íntima dos homens). Depois de entrevistar mais de mil homens, ela relata a surpreendente verdade que descobriu sobre eles. Feldhahn descobriu que os homens querem e precisam ser respeitados, tanto em particular quanto em público.

Mas o que é respeito para um homem? Uma definição básica de respeito é "uma profunda admiração por alguém que você tem grande consideração e a quem trata bem".

John Gray também lembra que o homem se sente respeitado quando pode ser seu herói. Ele diz que quando uma mulher expressa apreço por seu homem, faz com que ele se ligue mais a ela. Ele também alega que estimá-los e validá-los não apenas demonstra respeito, mas também os honra e faz com que se sintam seguros com você. Gray diz: "Uma das maneiras mais simples de mostrar respeito a seu homem é a seguinte: amamos ter nossas ideias respeitadas e honradas. Toda vez que você nos diz 'É uma ótima ideia' ou 'O que você acabou de dizer foi brilhante', simplesmente nos iluminamos!"

Em poucas palavras, seu homem quer ouvir sobre tudo que ele está fazendo de "certo" e todas as maneiras pelas quais está fazendo-a feliz. Ele se sente muito respeitado quando você reconhece seus esforços na frente de seus amigos e famílias, e você também ganha pontos extras.

Boggs apresenta as quatro principais formas de respeito:

1. Mantenha o que foi combinado — faça o que prometeu fazer.
2. Escute e reconheça as comunicações dele.
3. Se precisa fazer alguma crítica construtiva, sempre a faça em particular.
4. O celebre em público.

Lendo esta lista de maneiras de respeitar seu parceiro, fica claro que eles querem o que nós queremos. Queremos que nossos parceiros façam o que eles disseram que iam fazer, que nos escutem, que ofereçam feedback positivo sem críticas raivosas, e que nos celebrem e reconheçam na presença dos outros.

Se queremos as mesmas coisas, por que frequentemente é tão difícil ver isso

> Em qualquer relacionamento que dê certo, existem Eu, Você e Nós. Num relacionamento conectado, o objetivo é continuar a crescer tanto pessoalmente quanto como um casal. Você não devia precisar desistir de quem você é ou de quem quer ser pelo bem do relacionamento.
>
> *Otto Collins*

na outra pessoa? Não é a substância que difere, e sim a forma que ela toma. A verdadeira diferença é a entrega, não a intenção por trás dela.

Hora da Caverna

Já notou que seu parceiro às vezes resolve "desaparecer" física ou emocionalmente depois de uma noite ou de um fim de semana particularmente bom juntos? Ou como ele às vezes se desliga, apesar de aparentemente não haver nenhum motivo?

Isso é perfeitamente normal, e um tipo de comportamento frequentemente chamado de "hora da caverna". É um momento no qual um homem precisa se desconectar e se restaurar. Esse conceito não é novo. O dr. John Gray o introduziu há mais de vinte anos em seu *Homens são de Marte, mulheres são de Vênus*. Gray equipara o ciclo de intimidade do homem a um elástico de borracha: Quando eles se afastam, só podem se esticar até determinado ponto antes de voltarem correndo", contou-me ele numa entrevista, certa vez. "Este ciclo envolve se aproximar, se afastar, e então se aproximar novamente. A maioria das mulheres se surpreende ao perceber que, mesmo quando um homem ama uma mulher, ele periodicamente precisa se afastar antes de se aproximar mais."

Gray nota que as mulheres interpretam mal o afastamento de um homem, porque mulheres geralmente se afastam por motivos diferentes, como quando estão magoadas, não confiam nos homens para entenderem seus sentimentos ou foram decepcionadas. O homem só está se afastando para satisfazer sua necessidade de independência e autonomia, diz Gray, mas uma vez que ele tenha um tempinho sozinho, ele voltará pronto para amar novamente.

O *coach* de namoro Carlos Cavallo explica da seguinte maneira:

Normalmente os homens se desconectam ou se desligam de um relacionamento para recapturarem seu senso de masculinidade. Na maioria das vezes não tem nada a ver com sua mulher. Ele simplesmente não se sente completamente homem quando está intensamente conectado com uma mulher durante um período longo demais. Ele precisa se conectar em ciclos. É muito parecido com recuperar o fôlego depois de se exercitar. A sensação de ter se exercitado é fantástica, mas você precisa recuperar seu fôlego para só então voltar com foco e energia renovados.

Cavallo chama isso de "loop de desconexão".

Infelizmente, a maioria dos homens nem tenta explicar isso a suas parceiras, ou sequer se dá conta de que fazem isso. Muitas mulheres acabam achando que seus parceiros estão se afastando, e seus alarmes disparam. Algumas até passam por uma verdadeira sensação de pânico.

A solução é bem simples. Primeiro, entenda que isso é normal e tenha um plano para si. Não tente convencê-lo a não fazer isso, não pergunte a ele quanto tempo ele vai ficar na sua caverna, e sim use isso como uma oportunidade para aproveitar seu próprio tempo sozinha ou com suas amigas. Se está preocupada com a necessidade que seu parceiro tem de passar tempo com os amigos dele, por exemplo, lembre-se do que John Gray diz. Mesmo que nem sempre gostemos de admitir, homens precisam de tempo na caverna, e as mulheres precisam de tempo com suas amigas também.

O AMOR REQUER CONFIANÇA

Permitir algum tempo de distância um do outro requer certo nível de confiança, um componente-chave que pode ou aumentar ou diminuir a saúde de seu relacionamento. Você já se perguntou o quanto confia em seu parceiro? A verdade é que a confiança começa realmente quando você confia em si mesma, assim como o amor: você não pode amar alguém inteiramente enquanto não puder mostrar aquele mesmo amor a você mesma.

Se está se perguntando em que posição você se encontra dentro de seu relacionamento, cogite a seguinte Escala de Confiança, desenvolvida pelo professor J. K. Rempel, da Universidade de Waterloo, e sua equipe. Originalmente publicada no *Journal of Personality and Social*

Psychology, este teste mede o nível de confiança em relacionamentos íntimos[2]. A seguir, está uma versão adaptada do teste para ajudá-la a determinar seus níveis de confiança. Ele serve meramente para elevar seu nível de reflexão quanto a onde algumas de suas questões podem estar em seu relacionamento.

A ESCALA DA CONFIANÇA

Instruções: Usando a escala de 7 pontos mostrada abaixo, indique o quanto você concorda ou discorda das afirmações seguintes em relação a alguém com quem você tem um relacionamento íntimo. Coloque o número que escolheu na caixa do lado direito de cada afirmação.

DISCORDO TOTALMENTE	NEUTRO	CONCORDO TOTALMENTE
- 3 - 2 - 1	0	1 2 3

1. Meu parceiro provou ser digno de confiança, e estou disposta a deixá-lo fazer atividades que outros casais consideram ameaçadoras demais.

2. Mesmo quando não sei como meu parceiro vai reagir, me sinto confortável em contar-lhe qualquer coisa a meu respeito, mesmo coisas das quais me envergonho.

3. Apesar dos tempos poderem mudar e do futuro ser incerto, sei que meu parceiro sempre estará pronto e disposto a me oferecer força e apoio.

4. Nunca tenho certeza de que meu parceiro não vá fazer alguma coisa que eu não goste ou que me envergonhe.

5. Meu parceiro é muito imprevisível. Nunca sei como ele vão agir de um dia para o outro.

6. Sinto-me muito desconfortável quando meu parceiro precisa tomar decisões que vão me afetar pessoalmente.

7. Descobri que meu parceiro é excepcionalmente confiável, especialmente quando se trata de coisas importantes para mim.

8. Meu parceiro se comporta de maneira muito consistente.

9. Posso confiar em meu parceiro para reagir de forma positiva quando exponho alguma fraqueza minha para ele.

10. Quando compartilho meus problemas com meu parceiro, sei que ele irá responder de forma carinhosa antes mesmo de eu dizer qualquer coisa.

11. Tenho certeza de que meu parceiro não me trairia, mesmo que surgisse uma oportunidade e não houvesse chance dele ser pego.

12. Às vezes evito meu parceiro porque ele é imprevisível, e temo dizer ou fazer alguma coisa que possa criar conflito.

13. Posso contar com meu parceiro para manter as promessas que ele faz a mim.

14. Quando estou com meu parceiro, me sinto segura encarando situações novas e desconhecidas.

15. Mesmo quando meu parceiro dá desculpas que parecem bem improváveis, tenho confiança de que ele está contando a verdade.

Resultado: Some os números e os divida por 15 para calcular seu resultado final. Um número negativo significa sérias questões de confiança, enquanto um número positivo mostra que você tem níveis maiores de confiança. Quanto mais alto o número, melhor.

Minha querida amiga Vivian Glyck é casada há catorze anos. Ela e seu marido, Mike, têm um incrível filho de doze anos de idade, Zak, de quem graciosamente nos permitiram ser padrinhos. Como em todos os casamentos, ela e Mike já experimentaram toda a gama de altos e baixos, incluindo incertezas em relação a trabalho, a assustadora luta de Mike contra um câncer estágio III alguns anos atrás, e sua transição de doença para saúde novamente.

Curiosa quanto ao efeito que esse teste poderia ter num casal como Vivian e seu marido, pedi que ela o fizesse. Completar o teste a deu esclarecimentos surpreendentes quanto a questões de confiança em seu relacionamento que ela nem sabia que existiam.

"Normalmente sou uma pessoa que confia", contou-me ela, "mas vi que ao longo dos anos, questões não resolvidas de nosso relacionamento, incluindo a falta de integridade com compromissos feitos, mudanças de agenda ou vezes em que meu marido me envergonhou em público, me tornaram cínica e menos confiante."

Ela escolheu uma abordagem simples para eliminar estas questões. "Ao lançar luz sobre estes aparentemente pequenos, mas corrosivos, pontos fracos, fui capaz de ser mais honesta comigo mesma e meu parceiro, e concordamos quanto ao que é importante para que nos sintamos mais seguros e mais confiantes um com o outro", concluiu ela.

Qualquer que seja seu atual nível de confiança, ele é baseado nas histórias que você conta a si mesma sobre quem você acredita que seu parceiro seja. Agora que estabelecemos as diferentes maneiras pelas quais homens e mulheres interpretam relacionamentos, vamos prosseguir para as histórias por trás delas.

TRÊS

Transformando sua história

O amor é composto de uma única alma habitando dois corpos.

Aristóteles

*E*m seu livro *The Proper Care and Feeding of Husbands* (Cuidado e alimentação adequados de maridos), a dra. Laura Schlessinger relembra uma história que um de seus ouvintes encontrou na internet chamada "Indo comprar o marido perfeito". O conto é passado na loja "Terra dos maridos perfeitos", um prédio de cinco andares onde as mulheres podem encontrar seu par perfeito. Em cada um dos andares há homens com qualidades diferentes. A regra principal é que, quando você chegar em qualquer andar, precisa escolher um homem daquele andar. Se não, pode ir para o andar seguinte, sem saber exatamente o que irá encontrar. A pegadinha era que você não podia voltar para um andar inferior, a não ser que pretendesse sair da loja sem marido.

Marianne e Joan, melhores amigas de longa data, saem para encontrar o sr. Alma Gêmea na enorme loja de departamentos. No primeiro andar havia um pequeno cartaz dizendo:

ESSES HOMENS ADORAM CRIANÇAS E TÊM BONS EMPREGOS

Joan achou aquilo ótimo, mas ela também estava curiosa para ver o que havia no segundo andar. Marianne a seguiu pelas escadas rolantes até o segundo andar, onde encontraram um cartaz um pouco maior dizendo:

ESSES HOMENS SÃO SUPER BONITOS,
AMAM CRIANÇAS E TÊM EMPREGOS ÓTIMOS

Marianne exclamou emocionada:
— Uau! Exatamente o que preciso. Vamos dar uma olhada.
Mas Joan respondeu:

— Não, vamos subir mais um andar e ver o que há nele.

Marianne seguiu Joan com uma certa relutância. Mas elas eram melhores amigas, afinal. Devia ter razão.

No terceiro andar, as duas ficaram surpresas ao encontrar um cartaz ainda maior. Desta vez ele dizia:

> ESSES HOMENS NÃO APENAS SÃO SUPER BONITOS,
> AMAM CRIANÇAS E TÊM ÓTIMOS EMPREGOS, COMO
> TAMBÉM FICAM FELIZES EM AJUDAR A CUIDAR DA CASA!

Marianne ficou de queixo caído. Seu nível de ansiedade cresceu, mas ela podia ver que Joan agora estava ainda mais curiosa para ver o que viria em seguida. Ela concordou em verem juntas o que mais conseguiriam num marido subindo mais um andar.

O cartaz do quarto andar, ligeiramente maior do que os outros que já haviam visto, parecia gritar para elas:

> OS MARIDOS DE NOSSO QUARTO ANDAR SÃO SUPER BONITOS,
> AMAM CRIANÇAS, TÊM ÓTIMOS EMPREGOS, AJUDAM A
> CUIDAR DA CASA E SÃO ÓTIMOS NA CAMA!

Elas agora sentiam estar com sorte. Nada podia pará-las. Convencidas de que o quinto andar ofereceria opções de marido ainda melhores, Marianne e Joan subiram confiantes as escadas rolantes até o último andar. Lá, elas encontraram um minúsculo cartão gasto que dizia:

> ESTE ANDAR OFERECE PROVAS DE QUE É IMPOSSIVEL
> AGRADAR ÀS MULHERES.

Você pode não se enxergar nessa história, e talvez esteja satisfeita com a maior parte das características de seu parceiro. Mas eu diria que você já possa ter tido um ou dez momentos na sua vida nos quais quis muito mais do que seu parceiro podia oferecer. Você saiu da sala se sentindo de mãos vazias e de certa forma enganada. Não era para a vida ser assim.

Muitas vezes as mulheres criam expectativas irracionais quando se trata de relacionamentos. Em vez de honrar e celebrar a pessoa que elas têm, elas se transformam em mísseis de crítica e culpa. Em seu mundo perfeito imaginário, elas anteviam ter o marido perfeito. "O marido perfeito" é a história que elas criaram. "O marido perfeito" não é real. "O marido perfeito" é o ídolo que elas criaram em suas próprias imaginações. Quando as pessoas seguem esse padrão de pensamento, o resultado final é inevitável. Raiva, decepção e ressentimento vêm à tona assim que a história, na opinião delas, não é cumprida.

É isso que nós, seres humanos, fazemos. Inventamos histórias sobre como as coisas deveriam ser. Mas e se fossemos mudar completamente o roteiro? Como diretores dos filmes de nossas próprias vidas, temos essa opção. A pergunta é se temos coragem de dar esse tiro no escuro.

> A alma é a verdade de quem somos. A luz, o amor que existe dentro de nós. Michelangelo disse que quando tinha um pedaço grande de mármore, a estátua já estava dentro dele. Seu trabalho era apenas eliminar o excesso de tudo que não era a estátua. Nosso trabalho é nos livrar do medo inútil e excessivo que esconde a luz de nossas almas.
>
> *Marianne Williamson*

Um de meus dizeres favoritos é que vivemos num "mundo tanto/quanto". Um mundo que *tanto* é como você diz *quanto* é como eu digo.

Nossa percepção da vida e do mundo é muito pessoal. Ela é moldada segundo nossas interpretações do que acontece. Duas pessoas podem testemunhar um mesmo acidente e relatar versões bem diferentes do que viram. Ambas acreditam estar falando a "verdade", porque, para elas, aquela é a verdade *delas*. E, no entanto, sabemos que toda história tem dois ou mais lados.

Enquanto estamos crescendo, constantemente tentamos entender o mundo à nossa volta. Durante nosso processo de amadurecimento, fazemos o nosso melhor com nossas mentes ainda jovens e em formação. Frequentemente interpretamos mal o que está realmente acontecendo e acabamos concluindo que algo ruim está acontecendo. Pior ainda, muitas vezes pensamos que é nossa culpa.

Quais são as histórias que definem você? Todos temos algumas. Aposto que pode se lembrar do momento em que experimentou alguma coisa que originou o sistema de crenças sobre si mesma que você vem carregando por toda a vida. Para mim, foi um momento que jamais esquecerei.

O evento que moldou os primeiros quarenta anos de minha vida ocorreu quando eu tinha três ou quatro anos de idade. Eu estava numa cerimônia num templo com minha família. O presidente do templo, Sy Mann, estava sentado na nossa frente. Diversas pessoas na congregação estavam conversando umas com as outras enquanto o rabino falava. Eu o ouvi comentando com a pessoa a seu lado que ele queria que todo mundo calasse a boca.

Não sei o que me levou a fazer aquilo, mas comecei a andar de um lado para o outro pelas fileiras em meu lindo vestido cor-de-rosa e sapatos de verniz preto, gritando a plenos pulmões: "Sy Mann mandou calar a boca!"

E com aquilo, diversas pessoas se viraram para olhar e riram. Eu me senti envergonhada, devastada, constrangida, humilhada e confusa. Minha decisão imediata foi nunca mais, jamais, chamar atenção para mim mesma novamente. E certamente nunca falaria diante de um público grande. Para sempre. Avança até a época da faculdade. Fiz inscrição numa aula de Introdução à Oratória. É claro que se levantar para falar na frente da turma era grande parte do conteúdo. Na minha primeira tentativa de falar em público, fui até o pódio e imediatamente desmaiei.

Na minha segunda tentativa, fui até o pódio e desmaiei antes de dizer cinco palavras.

Na minha terceira ida até a frente da sala, mais uma vez, caí no chão. Então o professor me expulsou da sala. Ele simplesmente não aguentava mais. Nem eu.

Minha crença de infância de que falar alto para um grupo de pessoas resultaria em vergonha e humilhação tornara-se "minha história". Como com qualquer história baseada em mágoas antigas que contamos a nós mesmos, a minha teve um duradouro efeito negativo em minha vida.

Muitos anos mais tarde, em uma oficina que fizemos para revelar a "história" que moldara nossa vida, essa antiga lembrança do incidente no templo veio à tona. Vi que essa "história" estava me impedindo de alcançar meu maior potencial em diversos níveis. Não apenas eu não conseguia falar em público; eu geralmente fazia de tudo para não ser notada, para ficar por detrás dos acontecimentos e longe do centro das atenções. Trabalhando com relações públicas, minha carreira era voltada para "estar nos bastidores". Era meu trabalho tornar as pessoas visíveis e potencialmente famosas. Eu me lembro de contar a amigos e clientes que eu não queria ser famosa, mas sim ser capaz de "sussurrar nos ouvidos dos mais poderosos".

Eu passara décadas presa na minha história, de que eu havia nascido para viver uma vida "nos bastidores". Essa história limitou meu potencial e eliminou qualquer possibilidade de compartilhar meus dons. De certa maneira, fui vítima de minha própria história.

Durante essa oficina, tive a chance de examinar essa história e reescrevê-la. Como adulta, agora eu podia ver que todas as pessoas que riram naquele dia estavam simplesmente achando divertida a audácia de uma menininha tentando fazer alguma coisa boa. Inventei uma nova história: naquele dia no templo, eu estava tão fofa e adorável que os adultos sorriam e riam para reconhecer positivamente meu esforço. Qual história é a verdadeira? Ambas!

Minha vida mudou no dia em que mudei minha história. Não virei um sucesso instantâneo, nem imediatamente me tornei uma excelente oradora. Ao mesmo tempo, finalmente estava disposta a começar o processo de aprender como me sentir confortável na frente de uma plateia. Foi um exercício oportuno e útil, porque logo depois de abraçar minha nova história, meu primeiro livro foi publicado por uma das maiores editoras do mundo. Um tour por 15 cidades foi agendado, com aparições em canais de TV e estações de rádio, além de diversas sessões de autógrafos. Era hora de eu ser o centro das atenções. Essa transformação aconteceu bem antes de eu conhecer Brian. Foi uma pena o tour não ter me treinado a ser uma ótima esposa e parceira. Essa foi uma decisão que antes precisei aprender a fazer.

O AMOR É UMA DECISÃO

Numa apresentação da *TED Talks*, a professora de pesquisa da Universidade de Houston, Brené Brown, alega que a vulnerabilidade é a única maneira de criar intimidade. "Se vamos reencontrar o caminho até o outro, a vulnerabilidade será este caminho."[3] Realmente, a proximidade é a fundação de qualquer relacionamento. Mas precisa haver disposição de ambas as partes para estarem abertas a tal nível de intimidade. O amor é baseado numa decisão em ser extremamente vulnerável com outra pessoa. O amor não acontece a você. Você o escolhe.

Como uma pessoa em processo de reabilitação por "precisar ter razão", cresci numa era e num lar onde "estar certo" era altamente valorizado. Desde meus primeiros dias na escola, notei que levantar a mão e ter a resposta "certa" significava que você era inteligente. Em casa, "estar certa" significava ser amada por ser inteligente. Sofri uma lavagem cerebral até acreditar que quando eu estava "certa", era boa o suficiente para ser amada. Era uma massagem no ego e tanto! Mas era só aquilo. Certamente não serviu para aumentar minha confiança a longo prazo.

Conforme fui crescendo e amadurecendo, descobri que existe uma coisa muito mais importante do que estar "certa". E é ser "amada". Descobri que quando estava tão empenhada em estar "certa", sempre significava tornar alguém "errado". Como vocês sabem, sentir-se errada não combina muito bem com sentir-se amada.

A especialista em relacionamentos e irmã emprestada Heide Banks estava analisando uma antiga briga que havia tido com seu agora ex-marido depois de pedir a ele para comprar suplementos de ferro na farmácia e ele ter esquecido. Ela mencionou aquilo a seu amigo Nat quando perguntava a ele sua opinião sobre a razão de ela estar tendo tanta dificuldade com relacionamentos.

Nat respondeu:

— Uma palavra: suplemento de ferro.

São três palavras — respondeu Heide.

Exatamente! — exclamou Nat.

Naquele instante, Nat sinalizou à Heide que sua necessidade de estar "certa" estava dificultando seu desejo de ser amada.

"Acho que aquela foi a última vez que corrigi um homem.", revelou Heide.

Heide está agora apaixonada e feliz com sua alma gêmea e vivendo os melhores dias de sua vida.

Tantas de nós gostam de assumir uma postura rígida e manter-nos firmes ao lutar pelo nosso ponto de vista e provar como estamos "certas"— geralmente a respeito de alguma coisa bem trivial. O custo dessa necessidade de se estar sempre certa dói, importuna ou humilha aqueles a quem mais amamos.

Ao longo dos anos finalmente aprendi a controlar minha mente e minha boca. Aprendi que na maior parte das vezes não é necessário "corrigir" ninguém quanto ao que acho certo ou errado a não ser que seja realmente pertinente ao bem-estar de alguém. Agora, quando estou prestes a abrir a boca para estar "certa", me observo, colo um pedaço de fita adesiva imaginária em cima da boca, e escolho o amor em vez disso.

DECIDIR AMAR É UMA AÇÃO

Todos os principais eletrodomésticos, carros e equipamentos eletrônicos vêm com um manual de instruções. Geralmente, é um guia passo a passo que nos ensina a ligar, desligar e consertar o objeto quando ele se quebra. Imagine se sua alma gêmea viesse com um manual desses, o guia completo para cuidar e operar por toda a vida quem você ama, um guia que lhe explicasse como, quando e onde tornar realidade todos os sonhos de sua alma gêmea.

Muitos anos atrás eu estava numa oficina de fim de semana sobre crescimento pessoal, quando o instrutor, Herb, começou a contar uma história sobre sua nova esposa, Elizabeth. Elizabeth é uma mulher para quem pequenos detalhes têm muita importância. Você poderia fazê-la ganhar o dia lhe dando um cartão com palavras de amor e apreço. No entanto, Herb, que estava loucamente apaixonado por Elizabeth, não estava entendendo aquilo. Ele tinha certeza de que ela estava perfeitamente feliz "sabendo e ouvindo" o quanto ele a amava, mas para Elizabeth, "saber" não era a mesma coisa que "ver".

Então, por pura frustração, ela escreveu um pequeno "manual de instruções", para que ele tivesse instruções explícitas de como mantê-la feliz. Elizabeth não só queria muitos bilhetinhos, cartas de amor e cartões; ela também tinha pedidos específicos para os tipos de flores e de presentes que desejava receber. Herb não entendia exatamente "para que tanta coisa", mas ficou animado em ter instruções. Em seu desejo de manter sua noiva loucamente feliz, ele começou a encher Elizabeth de bilhetes, cartões e presentinhos. Como resultado, Elizabeth conseguiu o que precisava para se sentir amada, querida e adorada. Isso foi há mais de trinta anos, e os dois ainda estão casados e felizes.

Quando ouvi essa história pela primeira vez, uma luz se acendeu na minha cabeça e pensei em como todo relacionamento deveria ter esse tipo de "manual de instruções". Fui atrás de Elizabeth e sugeri que ela criasse um livro. Ela sugeriu que o fizéssemos juntas. Naquela altura da minha vida, eu estava solteira e jamais pensara em escrever um livro, mas estava tão apaixonada pela ideia, que aceitei; como relações públicas, escrever era fácil para mim. Para resumir a história, em 1992 escrevemos o livro, recebemos uma proposta de uma editora, e decidimos publicar por conta própria *The Owner's Manual: The Fast, Fun and Easy Way to Knowing and Understanding Your Lover* (O Manual do Proprietário: A forma rápida, divertida e fácil de conhecer e entender seu companheiro)[4]. Rapidamente aprendi sozinha como divulgar um livro, e ele se tornou um sucesso que me lançou numa nova carreira como divulgadora e agente literária.

Por que o livro fez sucesso? Porque deu a casais uma maneira segura de compartilhar todas as pequenas coisas que eram importantes para eles. Ofereceu a eles uma maneira de entender as necessidades um do outro de um jeito completamente diferente. Não importava se você estava casada há dez minutos ou dez anos. Dividir essa informação se tornou uma maneira de aprender sobre os quereres, necessidades, desejos e fantasias um do outro.

APRENDENDO A FALAR A MESMA LÍNGUA DO AMOR

Todos nós expressamos e recebemos mensagens de amor de forma diferente. Descobrir como você e seu parceiro experimentam o amor pode ajudar tremendamente a fortalecer seu relacionamento. Meu livro favorito sobre esse assunto é de Gary Chapman, e chama--se *The 5 Love Languages: The Secret to Love That Lasts* (As cinco linguagens do amor: O segredo para o amor duradouro).

Após quarenta anos como conselheiro de casamento e família, o dr. Chapman havia escutado bastantes queixas de casais. A partir dessas queixas, ele começou a notar um padrão. O que ele estava ouvindo eram as mesmas histórias, vezes e mais vezes. Quando ele reviu mais de uma década de anotações, percebeu que o que os casais realmente queriam um do outro se encaixava em cinco categorias distintas:

1. Palavras de afirmação: elogios ou palavras de encorajamento.
2. Tempo de qualidade: a atenção exclusiva do parceiro.
3. Receber presentes: símbolos de amor como flores ou chocolate.
4. Ações: colocar a mesa, passear com o cachorro ou fazer outras pequenas tarefas.
5. Toque físico: fazer sexo, dar as mãos, beijar.

Segundo esse conceito, a maneira com que você se *sente* amado também é a maneira com a qual você *demonstra* amor.

Compreender a linguagem primária do amor de seu parceiro requer que você escute com atenção tanto reações positivas quanto queixas. No caso de Elizabeth, ela foi perfeitamente clara quanto ao que queria e precisava de Herb. Ela não teve medo de pedir. Mesmo que Herb a dissesse diariamente o quanto a amava e como ela era linda, ela continuava frustrada e sentindo-se "não amada" porque nunca recebia bilhetes de amor, cartões e presentes. Foi só depois de compartilhar suas necessidades com ele que ele começou a entender como ela melhor recebia o amor. Claramente, a linguagem do amor número um de Elizabeth é "Receber presentes".

A linguagem do amor número um de Herb é "Palavras de afirmação". Como sabemos disso? Porque isso é o que ele continuamente oferecia a Elizabeth. Ele oferecia palavras de amor, porque era do que ele mesmo mais precisava.

Quando li esse lindo livro pela primeira vez, fiz o teste e descobri que minhas primeira e segunda linguagens do amor estavam empatadas: sou uma garota de "Palavras de afirmação" e "Toque físico". As duas formas de amor de meu marido Brian são "Palavras de afirmação" e "Tempo de qualidade". Mesmo se você e seu parceiro tiverem linguagens do amor completamente diferentes, você pode aprender a falar a língua do amor dele. Basicamente, você tem uma maneira particular de experimentar o amor. Como você só pode verdadeiramente receber amor daquela maneira, é provável que também dê amor daquela forma. No entanto, você pode aprender a dar amor de outras formas, formas que podem ser melhor recebidas por seu parceiro por causa da linguagem própria do amor dele. Aprender como você e seu parceiro experimentam o amor é a ponte para dar e receber amor por completo. Através da tomada consciente de decisões, você pode escolher falar a língua do amor de seu parceiro diariamente. É um dos métodos mais rápidos para aproximar vocês (o dr. Chapman oferece um teste grátis e rápido para determinar sua linguagem do amor em http://www.5lovelanguages.com).

Outro conceito do dr. Chapman que acho muito útil é "encher o tanque do amor". O "tanque do amor" é a metáfora de Chapman para quanto amor cada pessoa está sentindo. Ele sugere que vocês perguntem um ao outro: "Numa escala de um a dez, o quão cheio está seu tanque do amor?" Se o tanque de seu parceiro não está cheio, pergunte-se como pode enchê-lo. Meu amigo Jack Canfield, coautor de *Histórias para aquecer o coração*, tem outra maneira de fa-

> A alma é uma parte nossa que nunca morre. É quem essencialmente somos. E ela carrega todas as mensagens e lições que aprendemos no passado, e vai carregar todas as lições e mensagens que levaremos para o futuro.
>
> *Debbie Ford*

zer à sua esposa Inga esta pergunta. Toda semana ele lhe pergunta: "O que posso fazer para tornar sua vida melhor?".

Encontrar maneiras de expressar nosso amor por nossos parceiros para que eles não apenas aceitem, mas também *escutem* o que você está dizendo, constrói a ponte do entendimento. Os mal-entendidos aparecem quando falamos línguas diferentes um para o outro. Identificar como seu parceiro melhor experimenta o amor, junto à vontade de aprender e então falar a língua do amor de seu parceiro, vai criar um laço inabalável de confiança e intimidade.

Às vezes precisamos de um intérprete para compreender a língua da outra pessoa. Conforme vimos no Capítulo 2, homens e mulheres frequentemente falam línguas diferentes. E cada pessoa, homem ou mulher, tem sua preferência quanto a como demonstrar e receber amor. A forma com que recebemos o amor e experimentamos segurança é bastante moldada por sistemas de crenças que levamos para dentro do relacionamento.

ESCUTANDO A SOMBRA

Você já ouviu alguém reclamando sobre outra pessoa? As mesmas coisas que nos incomodam nos outros são justamente as coisas que tememos em nós mesmos. Observe cuidadosamente sua reação na próxima vez que seu parceiro fizer algo que lhe incomoda. O que foi exatamente? Como fez você se sentir? Identifique aquela sensação, porque é a sua sombra falando.

Minha falecida irmã, Debbie Ford, foi uma pioneira na esfera de ensinar as pessoas a respeito de suas "sombras" ou seu "lado negro", as partes de nós mesmos que preferiríamos ignorar e fingir que não existem. É a parte de todo ser humano formada há muito tempo e contendo todas as partes nossas que tentamos esconder ou negar, as partes que acreditamos que não sejam aceitáveis para nosso amado, família, amigos e, principalmente, nós mesmos. Ela é feita de tudo que nos irrita, horroriza ou desagrada em *outras* pessoas ou em nós mesmos. Como diz o grande psicólogo suíço C. G. Jung, nossa sombra é a pessoa que preferimos não ser.

Debbie devotou sua vida a nos mostrar como revelar nossa sombra, a procurar e encontrar os dons nos comportamentos e emoções da sombra e a aceitar o que ela chamava de "o ouro no escuro". Ela é autora de livros best-sellers do *The New York Times* como *The Dark Side of Light Chasers*, *The Shadow Effect* (O efeito sobra), e seu último livro, *Courage* (O lado escuro dos caçadores da luz). Também foi uma professora que sabia e acreditava que existe dentro de cada um de nós um ser humano com o poder de ser nosso professor, treinador e guia, nos levando à força, criatividade, brilhantismo e felicidade. Mas se a sombra é ignorada e não é examinada, essa parte nossa ganha o poder de sabotar nossas vidas, destruir nossos relacionamentos, matar nosso espírito e não nos deixar realizar nossos sonhos.

De seu lar invisível nas profundezas de nossa psique, a sombra tem enorme poder sobre nossas vidas. Ela determina o que podemos e não podemos fazer e para o que seremos irresistivelmente atraídos. Ela dita nossas atrações e repulsas, e determina quem e o que vamos amar e o que vamos julgar e criticar. Nossa sombra controla quanto sucesso podemos criar ou quanto fracasso estamos fadados a experimentar. A sombra é um oráculo que prevê todos os nossos comportamentos, direcionando a maneira como tratamos aqueles à nossa volta, e como tratamos a nós mesmos.

Mas nossa sombra só pode ter poder sobre nós quando a mantemos no escuro. Em vez de algo a ser negado, temido ou rejeitado, a sombra tem nossos dons mais valorizados: a essência de quem somos. Quando levamos luz à escuridão, encontramos as partes fundamentais de nosso verdadeiro eu enterradas lá dentro — nossa grandeza, nossa compaixão, nossa autenticidade. E conforme exploramos essa parte nossa que mais tememos, nos tornamos livres — livres para experimentar toda a gama de nossa humanidade, livres para nos banharmos em nossa gloriosa totalidade, livres para escolhermos o que queremos fazer neste mundo. Nossa sombra nos dá a benção do nosso ser completo.

Quando fazemos as pazes com nossa sombra, nossas vidas são transformadas. Não precisamos mais fingir ser alguém que não somos. Não precisamos mais provar que somos bons o bastante. Não precisamos mais viver com medo. Em vez disso, conforme encontramos as dádivas de nossa sombra e nos regozijamos com a glória de nosso verdadeiro eu, finalmente encontramos a liberdade de criar a vida que sempre desejamos.

Quando se trata de amor, casamento e nossos relacionamentos mais íntimos, Debbie ensinou que nosso amado se transforma em nosso "espelho" para absorver e refletir de volta para nós as principais questões e feridas que mais precisamos curar. Numa entrevista que fizemos juntas diversos anos atrás, ela explicou da seguinte maneira:

> Não somos feitos para atrair exatamente o que precisamos para sermos inteiros novamente. Cada pessoa que entra em nossa vida é um espelho, um reflexo de nosso eu interior. E o que posso aceitar em mim, posso aceitar em meu parceiro. Quando tenho compaixão por mim mesma, tenho compaixão por meu parceiro. Se posso respeitar a mim e minhas diferenças com ele, também posso respeitá-lo. A coisa mais incrível nesse trabalho com sua sombra é que, quando você altera seu mundo interior e aprende a aceitar, amar e ter compaixão por sua sombra, as pessoas ao seu redor também vão mudar.

Um dos exemplos que ela dava era a muito comum e frequentemente controversa questão do dinheiro. A clássica união de alguém que gosta de gastar e alguém que gosta de poupar continua sendo até hoje a principal causa de divórcios.

Debbie e eu fomos criadas numa casa onde a falta de dinheiro sempre foi um problema, e nossos pais pareciam discutir diariamente por causa disso. Quando crescemos, desenvolvemos estilos de lidar com o dinheiro bem diferentes. Eu me tornei uma "poupadora", e Debbie se tornou uma "gastadora". Meu relacionamento com o dinheiro veio de um medo profundo de um dia acabar morando na rua, porque fui programada para ao mesmo tempo desejar dinheiro e temê-lo. Para neutralizar meu medo, eu obsessivamente pagava minhas contas adiantadas e nunca ficava com dívidas no cartão de crédito. Eu só comprava roupas e objetos para a casa que estivessem em promoção. Se havia algo especial que eu queria fazer ou ter, como férias ou um carro novo, eu poupava. Tornei-me excessivamente orgulhosa de meu crédito exemplar e desenvolvi um senso de segurança financeira.

Até me casar, eu não fazia ideia de como dinheiro podia se tornar num grande problema num relacionamento. O dinheiro definitivamente era uma de minhas maiores "sombras", e logo ficou claro que era uma coisa que eu precisava curar.

Brian foi criado numa casa onde sempre houve dinheiro mais que suficiente. Ele mesmo alcançou sucesso financeiro no começo de sua carreira. Eu ficava fascinada — e às vezes uma pouco amedrontada — por sua tranquilidade com relação ao dinheiro. Brian é um homem amigável, gregário e muito generoso. Ele sempre teve prazer em levar nossos amigos para jantar e pagar a conta para todo mundo. Quando o dinheiro dele e o meu dinheiro se tornaram "nosso dinheiro", frequentemente me via julgando silenciosamente a generosidade dele. Mesmo que tivéssemos a sorte de ter condições para pagar a conta de todos, em minha "consciência de pobreza", a maneira apropriada de fazer aquilo teria sido dividir a conta igualmente, a não ser que fosse um aniversário ou ocasião especial.

Um dia o perguntei por que ele sempre corria para pegar a conta quando ela chegava à mesa. A princípio, aquela pergunta o intrigou, e ele simplesmente respondeu: "Isso me deixa feliz e, ainda mais importante, acredito que dinheiro é energia e que a generosidade de espírito volta para nós em diversas outras maneiras."

Curar a questão de minha sombra quanto à consciência de pobreza e o medo de me tornar desabrigada era um trabalho interno que eu claramente precisava fazer. Na linguagem de Debbie, eu precisava encontrar a dádiva dessa sombra em particular. Conforme me comprometi a pesquisar aquilo a fundo, pude ver que a maior dádiva de minha sombra de dinheiro era minha ambição e sólida ética de trabalho. Na minha missão de jamais ser pobre novamente, construí uma carreira muito bem-sucedida e fui cuidadosa com o dinheiro que ganhei. Lentamente aprendi a gerenciar os pensamentos e emoções que eu tinha em relação a dinheiro, que exigiam que eu me reprogramasse para realmente saber e acreditar que vivo num universo de abundância.

A outra parte desse processo exigiu que eu fosse aberta e vulnerável com Brian a respeito de meu sofrimento passado causado pela questão com dinheiro. Precisei explicar a ele que venho de uma antiga linhagem de pessoas com um medo profundo de nunca ter o suficiente. Ao estar disposta a compartilhar minha verdade e expressar meus medos e preocupações, assim como dizer o que precisava dizer para me sentir segura e protegida, fui capaz de curar minhas feridas, vencer minha consciência de pobreza e abandonar meus julgamentos sobre como Brian gastava dinheiro. Ele ainda gosta de pagar a conta? Sim, gosta. E como me sinto quanto a isso agora? Por mim, tudo bem. Vejo a alegria que fazer aquilo dá a ele. Mas fico feliz em anunciar que Brian também aprendeu a comprar em liquidações, algo que ele nunca havia feito antes!

Todos nós temos muitas histórias que influenciam nossas escolhas e comportamento, especialmente quando se trata de nossos relacionamentos íntimos. Muitas vezes nos esquecemos de quanto poder de decisão pessoal temos no que acreditamos, vemos, pensamos e sentimos. Quando começamos a perceber que essas histórias estão governando nossas vidas, e nem sempre de um jeito que nos beneficia, podemos conscientemente decidir mudar nossa história, como Brian e eu fizemos com nosso relacionamento com o dinheiro.

Minha amiga Jill Mangino se viu numa posição difícil três anos atrás, durante seu noivado com Ray. Jill queria de todo coração que Ray fosse "o homem certo", mas havia obstáculos importantes em seu caminho. A história de Jill era que seu par perfeito teria o mesmo amor que ela pela ioga, meditação, espiritualidade e orgânicos, incluindo seu vegetarianismo. Ray é um cara típico que caça patos, come carne, anda de motocicleta, fuma cigarros e também tem fobia social, preferindo ficar em casa na maior parte do tempo. Apesar de ela ter se apaixonado por Ray, ela também estava operando de acordo com sua grande história de ser "a pessoa conscientemente evoluída na relação" e se via constantemente julgando os hábitos, hobbies e comportamentos de Ray. A história de Jill a fez terminar com Ray, dizendo a ele que ela precisava encontrar alguém com quem tivesse mais em comum.

"Se é o que quer fazer, aceitarei sua decisão, mas esperarei por você não importa quanto tempo demore", explicou Ray a ela, apesar de ela estar partindo o coração dele.

Durante esse tempo, eles continuaram vivendo juntos como colegas porque nenhum dos dois podia vender a casa na qual moravam. Ray tratava Jill como sempre havia tratado, com muito cuidado, respeito e amor. Ele até cuidou dela durante uma forte crise de gripe.

Jill sempre tinha se enxergado como uma verdadeira amante da natureza, fazendo até jardinagem, mas em uma tarde, quando Ray voltou da caça, ele contou a ela sobre sua experiência de reverência pela beleza da floresta, do céu, dos cheiros e do silêncio que experimentara. Surpresa, ela viu uma coisa que a surpreendeu e realmente abriu seu coração: existem muitas maneiras diferentes e belas de se apreciar a natureza, não apenas a dela!

Alguns dias mais tarde, Ray pediu a Jill que fosse com ele ao velório de seu antigo chefe, Bob. Mais de 350 motociclistas compareceram, mas nenhum dos antigos colegas de trabalho de Bob se ofereceu para homenageá-lo. Ray colocou seus medos de lado, andou calmamente até a frente da capela e, de improviso, discursou sobre como Bob era um homem amado e bom. Foi naquele momento, enquanto assistia fascinada, o vendo superar sua fobia social — uma das coisas que ela julgava com mais dureza nele —, que Jill se apaixonou por ele novamente. A habilidade dele de falar tão sinceramente e de confortar a família de Bob a fez descobrir um novo nível de respeito por Ray. Ela jamais se sentira tão orgulhosa dele.

Jill percebeu que sua história, de que ela era a pessoa com a consciência mais evoluída no relacionamento, se transformara numa espécie de arrogância espiritual. Ao estar disposta a abrir os olhos e ouvidos e testemunhar a gentileza, autenticidade e compaixão de Ray, Jill conseguiu entender que Ray possuía todas as qualidades que ela considerava "espirituais".

Finalmente, após anos cancelando e retomando o noivado, ela reescreveu sua história com Ray e está pronta para marcar a data do casamento. Hoje em dia ela amorosamente se refere a Ray como sua alma gêmea e "guru pessoal" e não consegue imaginar a vida sem ele. Ao mudar sua história, Jill criou uma reorientação na sua percepção que alterou positivamente o rumo de seu relacionamento e a direção de sua vida. Perceba que, ao longo de toda a jornada de aceitação e compreensão de Jill, Ray não mudou. A história dela sobre ele, sim. Jill alterou sua crença de que seu parceiro perfeito seria "espiritual" da mesma maneira que ela era. O que mudou foi uma ampliação da percepção dela a respeito de caráter e espiritualidade para incluir as formas que Ray possuía.

Contar histórias é uma ferramenta poderosa que pode criar ou destruir relacionamentos. Quando Jill mudou sua história sobre quem seu par perfeito era, ela pôde ver que já tinha o que estava procurando.

A HISTÓRIA QUE VALE A PENA CONTAR

Segundo uma matéria no *Journal of Family Psychology* (Diário da Psicologia Familiar), pesquisadores fizeram um estudo com cinquenta e dois casados para descobrir como eles contavam a história de como tinham se conhecido, incluindo suas impressões iniciais. O que descobriram foi fascinante. Baseado em como um casal contava sua "história sobre a origem do relacionamento", os pesquisadores puderam prever, com 94 por cento de precisão, se o casamento permaneceria estável ou terminaria em divórcio[5].

Não importava como, quando nem onde eles haviam se conhecido. Quer tivesse sido notando um ao outro do outro lado de uma sala cheia e apaixonando-se à primeira vista ou uma simples apresentação através de um amigo em comum, os detalhes do encontro tornavam-se insignificantes. O que fazia a grande diferença era a energia, entusiasmo e expressividade com que contavam a história. Os casais que compartilharam sua história de maneira negativa ou introvertida tenderam a se separar três anos após o casamento, enquanto os casais que compartilhavam sua história com afeição e nostalgia ficaram juntos.

"Como vocês dois se conheceram?" é uma pergunta que Brian adora fazer quando saímos com um casal novo. Ele está sempre verdadeiramente interessado em todos os aspectos do início da união. E é claro que quando ouvimos a história deles, eles geralmente querem ouvir a nossa e me pedem para contá-la. Admito que temos uma história bem incrível para contar. É uma história louca e comprida cheia de magia, milagres, sincronias e bênçãos de uma sacerdotisa indiana. Uma das coisas mais peculiares de nosso primeiro encontro foi que, antes de nos conhecermos, cada um havia sonhado com o outro. Nos meus sonhos eu recebia pistas que me revelariam que ele era "o cara". Já Brian de fato viu meu rosto nos seus sonhos!

Já contei essa história milhares de vezes. Honestamente, às vezes fico cansada de me escutar contando-a. Muitas vezes Brian interrompe para me lembrar de detalhes e partes da história que estou esquecendo ou deixando de fora. Intuitivamente, eu sempre soube que compartilhar nossa história de almas gêmeas reforça o amor e devoção que temos um pelo outro e, apesar de eu poder resistir a contá-la, quando termino, estou me sentindo excitada e inspirada.

Como um exercício para revigorar a história de como se conheceram, tente isto: da próxima vez que você e seu parceiro estiverem com outro casal, peça a eles para que contem a história deles a vocês. Provavelmente eles vão pedir para que vocês façam o mesmo. Planeje antecipadamente para ter uma ótima história para contar e a relate com grande energia e muitos detalhes, acrescentando todas as pequenas coisas que certamente colocarão um sorriso no rosto de seu parceiro. Inclua coisas como:

- Sua primeira impressão positiva dele.
- A parte do corpo dele que você acha mais atraente.
- Alguma coisa engraçada ou gentil que o observou fazer.
- Qualquer sentimento que você tenha tido de que ele poderia ser "o cara".
- Reações positivas de sua família ou amigos quando o conheceram.
- Como você se sentiu quando ele a beijou pela primeira vez.

Compartilhar histórias positivas sobre seu parceiro vai reforçar sentimentos doces, colocá-lo sob uma perspectiva positiva e criar ainda mais amor em seu relacionamento. Mudar a perspectiva ao enfatizar os atributos positivos de seu parceiro não apenas altera a energia dentro de você, mas entre vocês dois também.

QUATRO

Contratos sagrados e a moradia da alma

Ser inteiramente visto por alguém e ser amado assim mesmo — essa é uma oferta humana que beira o milagroso.

Elizabeth Gilbert

Ninguém gosta de situações difíceis. E, ainda assim, a vida parece despejar em nós uma montanha de desafios com os quais nunca pensamos que teríamos que lidar.

E se eu dissesse a você que sua vida não seria a mesma sem esses desafios? Não quero dizer que sua vida seria melhor. Quero dizer que não seria a vida que você nasceu para ter. Através de minhas diversas experiências espirituais, percebi que nossas vidas se desdobram de acordo com um plano que fizemos antes delas começarem e com as consequências que surgem de nossa habilidade de exercitar o livre arbítrio a qualquer instante. Desafios aparecem em diversos formatos. Quer seja uma enorme tragédia como uma falência, desemprego, doença, um acidente fatal, ou perder o teto, quer seja algo menor como cartas extraviadas, aparelhos eletrônicos dando defeito, crianças se comportando mal ou uma refeição queimada, nossas vidas são cheias de marcos e obstáculos. Cada um de nós tem nossa lista prescrita de desafios que devemos enfrentar.

Se você pensa em sua vida como um filme, está na verdade seguindo um roteiro pré-escrito que começou bem antes de você ser um brilho nos olhos de seus pais. A acumulação de vidas lhe traz de volta para aprender mais lições. O carma, o resíduo de aprendizados que ainda precisam acontecer, segue você por todo este ciclo.

Como o produtor de um filme, você selecionou os protagonistas com quem iria interagir bem antes de pisar no set de filmagem. Em outras palavras, você fez um teste de elenco antes de nascer com cada um dos potenciais atores de seu filme para garantir que sua próxima vida seria passada trabalhando no carma que é exclusivamente seu.

Como em qualquer filme, você tem licença poética. Um ator pode escolher reagir de um jeito, enquanto outro pode escolher uma abordagem completamente diferente. O filme pode ser mais curto ou mais longo, dependendo se você cortar cenas ou acrescentar novas. Você tem uma tremenda quantidade de escolhas. Na verdade, todos nós fazemos escolhas baseados em nossos atuais níveis de consciência.

Conexões cármicas com outras pessoas são um presente. Se você prestar atenção às situações mais intensas de sua vida, aquelas que trazem ao mesmo tempo alegria e tristeza, vai começar a ver o drama de seu acúmulo cármico se desdobrando e se resolvendo.

Você já conheceu alguém alguma vez, mas teve a sensação de que conhece essa pessoa "desde sempre"? Bem, você pode ter acabado de conhecer essa pessoa nessa forma, mas você a conheceu em outras vidas. Você reconhece a alma da pessoa, uma energia indestrutível.

Provavelmente, seu parceiro romântico é um dos principais atores de alma de seu filme. Ele exerce um papel central de trazer à tona todo o seu lixo interior. Quer você goste ou não, ele é um integrante significativo do seu elenco. Por mais exasperante que ele possa ser, sua raiva é só sua. A culpa não é dele, nem sua. Ele está meramente indicando o que há dentro de você, e você está reagindo.

Não significa que seu comportamento seja legítimo ou gentil ou digno de elogios. Mas se ele está tendo tamanho impacto negativo em você, é importante que se pergunte por quê. O que aquilo desencadeia em você? Se conseguir identificar o momento que origina a dor — ou seja, a primeira vez que sentiu aquela emoção em particular — vai perceber que não tem nada a ver com seu parceiro. Seu comportamento serve meramente como um lembrete de como você sentiu aquela emoção pela primeira vez.

Se você pode aceitar que toda aquela emoção reside dentro de você, pode começar a assumir o controle de seus sentimentos. Ninguém pode obrigar você a se sentir de determinada maneira. A felicidade e o ódio começam — e terminam — com você.

Naturalmente, como você decide lidar com os desafios que enfrenta fica a seu critério. Apesar de você ter um roteiro prévio, tem a liberdade de mudar seu rumo, ritmo e tom. Pode optar em focar um personagem, um grupo ou alguns personagens mais do que outros. Pode até mesmo mudar o final. O impacto das escolhas que você faz nunca está exatamente claro até o filme ter sido feito. Os cineastas de Hollywood dizem que não fazem ideia de como o projeto completo vai ficar. Eles confiam em seus instintos, escolhem os melhores colaboradores possíveis e rezam pelo melhor. A vida também é um pouco assim.

Se você considerar as conexões cármicas que temos com as pessoas, os desafios que enfrentamos fazem muito mais sentido. Você já se perguntou por que esbarra sempre nas mesmas questões, independentemente das pessoas com quem está interagindo?

CONTRATOS SAGRADOS

E se eu lhe dissesse que essas interações são baseadas em contratos sagrados que você fez antes de nascer? Se começar a pensar na sua vida como um filme com seu próprio começo, meio e fim, verá que tudo acontece por um motivo. Quer seja a perda de um amor ou de um emprego, as lições de nossas vidas nos moldam para um propósito específico. Se não acredita em mim, pense na história a seguir.

Estava chovendo. Eu estava mal-humorada. Basicamente, não estava a fim de más notícias. E, no entanto, lá estava eu, na sala de minha astróloga, ouvindo a pior leitura astrológica da minha vida.

A portadora das tais "más notícias" era uma bela mulher em Los Angeles chamada Linda, uma astróloga e conselheira espiritual. Ela me dissera que os planetas estavam alinhados em meu mapa no "inverno profundo". Eu marcara aquela consulta porque minha vida já estava deprimente e desafiadora, e agora ela estava me assegurando mais do mesmo durante os seis meses seguintes.

Era 1991, e meu negócio de relações públicas corporativo estava sofrendo as consequências de uma grande recessão. Oitenta e cinco por cento de meu negócio evaporou em um mês. Eu fora de uma equipe de oito pessoas e 371 metros quadrados de uma área privilegiada de escritórios em Beverly Hills para um escritório do tamanho de um closet, com um funcionário de meio período. Eu não fazia ideia do que fazer em seguida e estava considerando uma mudança total de carreira. Além de meus desafios profissionais, meu relacionamento de dois anos também terminara abruptamente, e eu estava sofrendo de exaustão por causa de uma síndrome de mononucleose. Foi um golpe triplo que me derrubou.

Ela também me disse que eu conheceria minha alma gêmea naquele ano, mas que ele já era casado. No entanto, iríamos trabalhar juntos por muitos anos e construiríamos centros de cura. Tenho certeza de que em algum momento desta consulta, Linda tentou suavizar o golpe e me convencer de que havia um pote de ouro no final do arco-íris, mas naquele momento tudo que eu conseguia ouvir era "Mais problemas à vista — corra e se esconda".

> A alma é a impressão digital de Deus que se transforma no corpo físico, único em seu próprio desenvolvimento e expressão, mas cheio da divindade que é a essência de tudo que existe.
>
> *Iyanla Vanzant*

Enquanto preenchia o cheque pela consulta, ela começou a me contar que sua mãe morrera recentemente. Durante sua meditação matinal aquele dia, ela tivera uma experiência extraordinária que se sentia compelida a compartilhar comigo.

Linda confessou que ela e sua mãe sempre tiveram um relacionamento difícil. Do ponto de vista de Linda, sua mãe havia sido rude, crítica, cheia de julgamentos e completamente incapaz de dar à Linda a sensação de ser amada e querida. Uma exploradora espiritual de longa data, Linda frequentemente se sentia culpada por, apesar de seus anos de estudo e meditação, não conseguir encontrar uma maneira de perdoar sua mãe nem de curar seu relacionamento.

Enquanto meditava, ela viu e escutou claramente sua mãe, com a melhor aparência que ela vira em anos. Sua mãe se desculpou por seu comportamento e então explicou a Linda que as duas estiveram juntas em muitas vidas antes daquela e que tiveram diversos papeis uma com a outra. Antes de reencarnarem nesta vida, Linda a pedira para ajudá-la em abordar de forma séria seu crescimento espiritual. Juntas, elas resolveram que ter uma "mãe difícil" seria o melhor caminho para a evolução de Linda. Enquanto Linda escutava sua mãe, ela começou a se "lembrar" deste acordo e sentiu seu coração se curando enquanto percebia que não havia nada a perdoar para nenhuma das duas. Elas tinham concordado desde o começo que seu relacionamento tomaria este rumo.

Escutar a história de Linda foi uma revelação para mim. Subitamente eu pude ver que os tempos e pessoas difíceis da minha vida podiam estar acontecendo por uma razão. Provavelmente eu até "pedira" por aquelas experiências!

Antes de você começar a revirar os olhos, considere quantas pessoas estiveram na sua vida que lhe ensinaram duras lições que você não teria aprendido de outra forma. Situações difíceis nos ensinam muito mais do que as fáceis.

Apesar de eu ainda estar ansiosa com o prospecto de mais seis meses de "inverno profundo", deixei o consultório de Linda com uma ponta de excitação e um iceberg de curiosidade sobre como e por que a vida é como é. Poderia ser possível que os desafios que eu enfrentara tivessem sido, na verdade, bênçãos?

Durante os seis meses seguintes fiquei obcecada em desvendar meu futuro. Eu desistira de recriar minha antiga maneira de ganhar a vida, mas não fazia ideia de qual era meu "propósito na vida". Olhando de volta para todos os clientes que eu havia perdido, precisei admitir para mim mesma que, apesar de ter feito muito dinheiro, eu não gostava de todos com os quais eu estava lidando. Resolvi que, se ia continuar sendo relações públicas, só representaria pessoas, lugares e coisas que estivessem fazendo um impacto positivo no planeta. Esse novo nível de consciência permitiu que eu formasse uma nova definição de missão. Na época eu não tinha a mínima ideia de qual seria meu novo papel, mas minha alma sentia que estava no caminho certo.

Num dia de 1992, meu amigo Patrick Netter e eu fomos almoçar. Enquanto comíamos salada de frango num café ao ar livre na Sunset Boulevard, contei a ele sobre a nova direção de minha carreira. Ele me fez uma pergunta do tipo que muda vidas:

— Se pudesse representar qualquer pessoa no mundo, quem seria?

Sem piscar, imediatamente respondi:

— Ah, alguém de quem provavelmente você nunca ouviu falar. Seu nome é Deepak Chopra.

Os olhos de Patrick se acenderam e ele riu.

— Não apenas sei quem ele é, como minha amiga Penny trabalha para ele. Se quiser, posso colocar vocês duas em contato e talvez ela consiga marcar uma reunião.

Sendo uma mulher de agir, falei com Penny mais tarde, naquele mesmo dia. Ela me disse que Deepak realmente estava precisando de uma relações públicas. Como ele estaria em Los Angeles na semana seguinte, ela podia agendar uma reunião.

Eu vira Deepak palestrar em diversas ocasiões. Ele tinha uma habilidade impressionante para explicar o sentido médico por trás da conexão mente-corpo-espírito. Seu trabalho afirmava tudo que Louise Hay escrevera em seus livros, mas ele conseguia explicar as coisas de uma perspectiva científica.

Ele se atrasou vinte minutos para nossa reunião. Quando entrou na sala, se desculpou pelo atraso e explicou que só tinha cinco minutos até seu compromisso seguinte.

Eu apenas sorri e disse:

— Tudo bem. Só preciso de dois minutos. Se você for esperto como acho que é, vai me contratar para ser sua relações públicas.

Ele me olhou durante um tempo, riu, e respondeu:

— OK, vamos nessa!

Aquele foi o início de um relacionamento de trabalho de 12 anos. Desde o começo, pareceu que sempre nos conhecemos. Alguns anos mais tarde, ele me contou que acredita que eu tenha sido sua irmã em alguma vida passada.

Uma noite, antes de eu levá-lo para uma aparição na TV, jantamos juntos num restaurante indiano. Nós nos sentamos ao lado de uma janela com vista para o Wilshire Boulevard. Perguntei a ele se a vida é predestinada ou se temos livre arbítrio. Nunca vou me esquecer de sua resposta.

— Os dois, dependendo de seu nível de consciência.

Eu ainda estava pensando na interação de Linda com sua mãe e me perguntando o quanto da vida era predestinada e se realmente tínhamos muito controle sobre ela. Eu estava especialmente intrigada pela ideia daqueles contratos de vidas passadas. Podia ver como podíamos ter *tanto* os acordos com a família, amigos e eventos *quanto* o livre arbítrio para honrar ou não honrar esses acordos.

O nível de conforto e compatibilidade que senti com Deepak me levou a crer que tínhamos um acordo para esta vida. Intuitivamente, parecia certo. Um dos primeiros grandes projetos no qual trabalhamos juntos foi a inauguração do primeiro *Chopra Center* em San Diego, um centro de cura que oferece tratamentos de saúde *ayurveda*, aulas de meditação e uma série de estudos espirituais.

Linda tinha razão. Eu conheci uma alma gêmea: Deepak. Ele era casado com Rita, que claramente era sua alma gêmea romântica. Como ela imediatamente me aceitou como parte da família, percebi como éramos almas gêmeas de amizade. Percebi como éramos todos almas gêmeas de amizade. A parte mais impressionante para mim foi que compreendi que uma alma gêmea não é apenas um único parceiro romântico; podemos ter muitas almas gêmeas e de diferentes tipos de relacionamento.

Ficou claro para mim que realmente fazemos acordos com certas pessoas antes de encarnarmos. Chamados de contratos sagrados, esses acordos servem para nos guiar na direção de nosso desenvolvimento pessoal e empoderamento, e para fazer uma contribuição para a alma da humanidade.

Caroline Myss escreveu um livro poderoso sobre este assunto chamado de *Contratos sagrados: despertando nosso potencial divino*. Ela diz: "Os contratos e negociações que sua alma fez, na minha opinião, formam a textura de sua vida. Você faz arranjos para certos compromissos, para oportunidades de conhecer certas pessoas, para estar em determinados lugares, mas como você age e chega lá, é aí que entra a escolha."

Quando saí de meu "inverno profundo", a definição de minha nova missão se materializou. Junto com meu novo cliente, Deepak Chopra, eu estava agora trabalhando com Marianne Williamson, Wayne Dyer, Joan Borysenko, Louise Hay, Neale Donald Walsch e muitos outros. A demanda por meu tempo se expandiu rapidamente, e tive sorte o bastante para poder escolher quem eu queria promover. Aprendi a confiar na minha intuição como guia, recebendo clientes com quem eu tinha contratos sagrados.

Para realizar nossos destinos, precisamos reconhecer a tribo de nossa alma e os contratos sagrados interconectados que nos unem. Às vezes esses contratos terminam durante nossas vidas. Às vezes eles começam mais tarde em nossas vidas também.

Almas gêmeas com data de validade

Em 1967, Susie McCall, uma moça de vinte anos em uma pequena cidade no sul de Ohio, tinha grandes sonhos de terminar a faculdade e se tornar uma professora de inglês do ensino médio. Adorável e fervilhante, Susie fazia amigos facilmente. Seus passatempos favoritos eram ler e ouvir música, e ela era louca por seu namorado, Terry, que conhecera um ano antes, quando ele lhe pediu carona até sua cidade natal. Apesar de o relacionamento estar longe de ser perfeito, Susie amava o fato de ele expandir seus interesses, especialmente ao apresentá-la ao mundo da arte, e o considerava sua alma gêmea. Mas como o hábito dele de ser um pouco distante e nem sempre emocionalmente disponível a deixava nervosa e incerta, ela às vezes se perguntava se os dois realmente tinham um futuro juntos.

Um ano e meio depois do relacionamento começar, seu destino tomou uma nova e súbita trajetória quando ela descobriu que estava grávida. Um casamento às pressas foi planejado, e, em 16 de março de 1968, Susie e Terry se casaram. A cerimônia foi pequena e adorável na igreja local na qual ela crescera, e sua irmã e primas foram madrinhas. Apesar de seus pais e parentes mais próximos terem ficado desapontados por ela "ter" que se casar, sua mãe fez seu vestido de noiva, e todos aparentaram estar felizes no grande dia.

Conforme subia o altar, aos dois meses de gravidez, Susie sentia-se ao mesmo tempo excitada e amedrontada quanto a seu futuro, mas torcendo pelo melhor. Depois do nascimento de sua filha e, mesmo com o casamento instável, Susie não se permitia questionar quanto a ficar ou terminar a união, apesar da sombra de dúvida sempre surgir nas beiradas da sua mente. Como todos os casais, eles tinham seus altos e baixos, e seus maiores problemas tinham a ver com comunicação e honestidade emocional. Apesar de tudo, Susie estava determinada a ficar casada e fazer o relacionamento dar certo.

> Não era horrível, mas meu casamento realmente não chegava perto do que eu havia sonhado e esperado. Frequentemente eu sentia que era para estarmos juntos, mas que havia alguma espécie de carma presente. Conscientemente, tomei a decisão de amá-lo e manter nossa família unida — explica Susie. — A verdade é que eu tinha medo demais para sequer pensar na possibilidade de ir embora e encontrar uma nova alma gêmea — confessa. Então ela ficou mesmo querendo alguém ou alguma coisa diferente. Na verdade, ela não queria outra pessoa, ela queria que seu marido fosse uma pessoa diferente de quem ele queria ser.

Quando eles fizeram trinta anos de casados e sua filha estava crescida, Susie e Terry perceberam que o casamento estava terminado, e chegaram à decisão mútua de se divorciarem. Susie percebeu que, apesar de ainda amá-lo, os dois queriam coisas muito diferentes da vida e ela não podia mais ficar com ele. Seu interesse mútuo em velejar, que era a cola que os unia, simplesmente não bastava mais. Mas os dois permaneceram amigos, e ela ainda o vê como uma alma gêmea.

Diversos anos antes de seu divórcio, Susie sofreu um acidente de carro que resultou na necessidade de tratamentos quiropráticos. Seu quiroprata também era professor e dava aulas semanais em seu consultório. Foi numa dessas aulas que ela conheceu Otto Collins, recentemente divorciado e também vítima de um acidente de carro. Menos de um ano depois de Otto começar a frequentar essas aulas, eles tiveram uma "experiência de alma gêmea" que abalou seus mundos, e os dois se apaixonaram.

Pelos últimos 18 anos, eles estiveram loucamente apaixonados e se tornaram *experts* em amor, além de *coaches*. Como começaram seu relacionamento sabendo que suas experiências como almas gêmeas não eram suficientes para um amor duradouro, eles sabiam que precisavam aprender a se comunicar, amar um ao outro mesmo quando fosse difícil e manter sua paixão acesa — coisas que não haviam feito em seus casamentos anteriores.

Cerca de dois anos depois do início do relacionamento, as pessoas começaram a pedir aos dois que dessem palestras, apresentações e seminários sobre seus segredos para atrair e manter um novo amor. Era o que eles haviam aprendido de seu próprio relacionamento, assim como em diversas sessões de treinamento que eles amavelmente dividem com o mundo desde 1999 através de seus treinamentos, sites, livros e cursos.

Hoje, Susie percebe que a jornada de sua vida, incluindo seu casamento anterior, era perfeita, mesmo que não o parecesse quando eles estavam se separando. Ela explica:

> Acredito que meu ex e eu viemos a esse mundo com um contrato sagrado de nos casarmos e criarmos nossa filha. Em nossa lua de mel, comecei a ter sangramentos e mais tarde me disseram que eu poderia ter facilmente perdido nossa filha, então sei com certeza que nossa pequena família era para ser, e que ela teimosamente queria vir e estar conosco. Se eu tivesse desistido do casamento vários anos antes — continua —, Otto e eu não teríamos nos encontrado. É muito claro para mim que nosso encontro foi uma situação de *timing* divino para nós dois. Os muitos anos que passei com meu ex-marido foram essenciais para meu crescimento e preparação para o incrível relacionamento que tenho hoje com Otto.

O QUE É A ALMA E ONDE ELA VIVE?

O rabino Yanki Tauber, da Chabad.org, oferece uma definição maravilhosa para alma:

A alma é o *self*, o "eu" que habita o corpo e age por meio dele. Sem a alma, o corpo é como uma lâmpada sem eletricidade, um computador sem seu software, um traje espacial sem um astronauta dentro. Com a introdução da alma, o corpo adquire vida, visão e audição, pensamento e fala, inteligência e emoção, vontade e desejo, personalidade e identidade.

Na verdade, não só o ser humano, como também toda entidade criada possui uma "alma". Animais têm almas, assim como plantas e até objetos inanimados; cada folha tem uma alma, assim como cada grão de areia. Não apenas a vida, como também a existência, requerem uma alma que a sustente — um toque de divindade que imbui o objeto perpetuamente de significado e propósito. É a "identidade interior" de uma coisa, sua razão de ser. Assim como a "alma" de uma composição musical é a visão do compositor que energiza e dá vida às notas tocadas — as notas em si são como o corpo expressando a visão e sensação da alma dentro delas. Cada alma é a expressão da intenção e visão divina ao criar aquele ser em particular[6].

Acredito que, quando é para duas almas se encontrarem, existe um reconhecimento vibracional que não pode ser negado. Apenas seis semanas depois de nos conhecermos, Brian e eu fizemos nossa primeira viagem juntos até o Parque Nacional de Yosemite. Andamos de bicicleta e fizemos trilhas pelas suas majestosas montanhas e incríveis vales, falando sem parar sobre todo tipo de coisa possível. Era como se precisássemos colocar em dia décadas de experiências de vida que já havíamos vivido. De coisas mundanas, como livros, filmes e comidas favoritas, a religiões esotéricas e filosofia, descobrimos que tínhamos uma ampla gama de interesses em comum. Como a maioria dos casais recém-apaixonados, estávamos vivendo num mundo delicioso, que era em parte magia e em parte dopamina. Basicamente, estávamos sincronizados, e parecia a maior onda que se pode imaginar.

De Yosemite fomos para São Francisco e nos hospedamos num peculiar e charmoso hotel butique em Union Square conhecido como Monaco. Nosso quarto, apesar de bem pequeno, era lindo, uma caixa de joias de cores vibrantes e design único.

Lembro-me de acordar no dia seguinte com a luz suave da manhã atravessando suavemente pelas persianas e iluminando o rosto de Brian. Ele estava sorrindo. De repente, senti uma onda intensa de raiva tomar conta de mim, e, com a raiva, veio uma lembrança vívida. Não era mais setembro de 1997, mas uma época que parecia ter sido há dois mil anos. Ondas geladas de solidão e devastação cobriram meu corpo, porque meu marido naquela época havia me deixado mais uma vez para partir numa missão religiosa. Antes de eu poder sequer processar o que eu estava vendo e sentindo, Brian parou de sorrir, olhou fundo nos meus olhos e disse:

— Não vou abandonar você nesta vida. Eu prometo.

— Ele dissera o indizível. Chocada por ele saber que eu estava tendo essa experiência incrivelmente estranha e incomum, perguntei:

— Como sabia?

Brian me explicou que parte do motivo de termos nos reencontrado nesta vida era para curar um ao outro. Obviamente, essa sensação de abandono era uma das feridas que precisava ser curada. Ele disse que em pelo menos duas vidas passadas ele havia me abandonado por missões religiosas, mas que nunca faria aquilo novamente. Parem tudo agora! Você está de brincadeira comigo? Aquele foi um dos momentos mais estranhos da minha vida. Apesar de eu já ter considerado a possibilidade de termos estado juntos em vidas passadas, eu nunca passara muito tempo pensando naquilo. Como uma pessoa geralmente pragmática, sou muito mais interessada no que está acontecendo agora, no tempo presente, do que o que pode ou não ter acontecido há tempos numa vida passada.

Ao mesmo tempo, eu não podia negar que esse extraordinário incidente foi um ponto crucial para mim. Ele me deixou ciente de que um dos benefícios de se encontrar sua alma gêmea é a cura que isso gera não apenas para as feridas desta vida, mas também das de vidas passadas. Comecei a compreender que nossa alma gêmea também é um professor, e que suas lições serão prazerosas, dolorosas e toda a gama de emoções entre essas duas. Naquele momento, na luz preciosa da manhã de São Francisco, percebi que uma alma gêmea é como um *coach* de carma. Ele ou ela nos acompanham em nossa jornada para a totalidade, completando experiências passadas nesta vida e além.

Aqueles de nós que acreditam em carma, reencarnação e vida após morte entendem que uma das principais razões para encarnarmos num corpo físico na Terra é para passar por lições de vida para nossa própria evolução e crescimento. Frequentemente, essas são lições que requerem interações com outras almas com quem viajamos através da eternidade, também conhecidas como nossa tribo ou grupo de alma. Nossa tribo é feita de velhos amigos e família que têm aproximadamente o mesmo nível de percepção. Muitas vezes, nossa "alma gêmea" faz parte desse grupo. Michael Newton, especialista em reencarnação e autor de *Journey of Souls* (Jornada das almas), explica da seguinte maneira: "Integrantes do mesmo grupo são intimamente unidos por toda a eternidade."

Escolhemos voltar em forma física para trabalhar por meio de carmas e lições. Antes de renascer, passamos por um intensivo planejamento do outro lado, onde nos consultamos com nossos "guias" e diversos integrantes de nossa tribo de almas para decidir quem vai desempenhar qual papel em nossa próxima vida. Newton usa a analogia de que a vida é um grande palco e que temos o papel principal como atriz ou ator. Também escolhemos outros personagens para aparecer na peça conosco e somos selecionados por outros atores para papéis em suas produções.

Uma alma gêmea é um dos personagens mais importantes para se escolher para nossa nova vida. Uma alma gêmea torna-se nosso companheiro, e concordamos em ajudar um ao outro a atingir objetivos mútuos. Esses relacionamentos entre almas gêmeas são *projetados* para virem com lições cármicas. Algumas dessas lições serão emocionantes, e algumas serão brutalmente dolorosas. Isso é normal! Provavelmente você passou muitas vidas terrenas com sua alma gêmea e, como em todos os relacionamentos, teve grandes altos e grandes baixos. Juntos, cada um de vocês adquiriu alguma dívida cármica com o outro.

Newton explica que para que almas gêmeas "reconheçam" umas às outras no plano terreno, um processo maravilhoso e misterioso, elas fazem "aulas" conhecidas como "lugar de reconhecimento". Quando você e sua alma gêmea estão no "lugar de reconhecimento", você concorda em criar alguns sinais, símbolos, sentimentos de déjà-vu ou sincronias que vão ocorrer quando vocês se conhecerem no plano físico, para que se certifiquem de que vão se "reconhecer". No momento do seu nascimento, acontece uma amnésia espiritual e você convenientemente esquece tudo isso!

Uma vez fiz uma sessão com um terapeuta de vidas passadas que me levou ao lugar "entre as vidas". Vi uma imagem muito vívida de mim mesma em pé — ou o que alguém poderia considerar flutuando — num espaço escuro olhando para uma grande mesa de vidro negro. Do meu lado direito estava meu pai, e do esquerdo minha irmã, e nós três estávamos conectados por alguns fios de luz de cores brilhantes. Juntos, estávamos escolhendo a mulher que seria mãe minha e de Debbie, e esposa de meu pai. Em conjunto, escolhemos uma mulher completamente nova para a nossa tribo de almas. Debbie e eu a escolhemos por sua mente e longas pernas. Papai a escolheu por sua beleza. Essa é a única coisa que me lembro daquela sessão.

No entanto, quando resolvi manifestar conscientemente minha alma gêmea, uma das coisas que criei foi uma "lista de desejos da alma gêmea" com as características e qualidades emocionais que eu desejava que meu parceiro possuísse. A única característica física dessa lista era que minha alma gêmea teria cabelos grisalhos. Essa era uma coisa da qual eu tinha certeza. Ele precisava ter cabelos grisalhos.

No dia em que Brian e eu nos conhecemos, notei seus cabelos grisalhos — ele ficara grisalho na casa dos trinta! Era uma pista; provavelmente foi algo que combinamos quando estávamos no "lugar de reconhecimento". Naquele dia também tivemos diversas outras pistas e sincronias, o que foi uma sorte para mim. Sem as pistas, eu poderia não o ter notado, considerando que ele não era, à primeira vista, "meu tipo".

Às vezes é preciso uma bola de cristal para saber se a pessoa que está bem na sua frente está destinada a ser sua alma gêmea. Apesar de podermos pensar que conexões entre almas gêmeas deviam ser cheias de fluxo mágico, leveza e graça, oposições inevitavelmente surgem. A parte confusa é como o Universo pode ser insistente quando duas pessoas estão destinadas a ficar juntas, mesmo que as probabilidades não estejam a seu favor.

DE VOLTA AO ÉDEN

A história de Donna e David, ilustrada em seu livro *The Energies of Love: Using Energy Medicine to Keep Your Relationship Thriving* (As energias do amor: Usando a cura pela fé para manter seu relacionamento próspero), mostra o trajeto às vezes tortuoso que almas gêmeas precisam tomar para se encontrarem[7].

Quando Donna Eden viu David Feinstein, antes de ele ter olhado na direção dela, ela ouviu distintamente palavras sobre um profundo amor, incluindo — e ela se lembra disso integralmente — "este homem vai passar o resto da vida com você". Será que Donna ter ouvido isso os estabeleceu como *almas gêmeas*? Teria sido o cumprimento da promessa de que "numa noite encantada você pode ver um estranho... do outro lado de uma sala cheia"? A literatura popular sobre almas gêmeas sugere que, com sua alma gêmea, você se sente inteiramente completo, curado e intacto, como se não faltasse nenhuma peça do quebra-cabeça, uma relação pontuada por flashbacks de vidas passadas juntos; uma profunda compreensão sem palavras um do outro; uma aceitação fácil das falhas do outro; e uma sensação confiável de segurança na presença um do outro. Não foi exatamente assim que aconteceu para esse casal, nem para ninguém que eles conheçam, aliás. Em seus primeiros anos juntos, eles tiveram que lutar por cada fiapo de compatibilidade.

Mesmo assim, sua parceria também parecia ter um toque de destino. Aquilo os manteve juntos durante diversos anos, mas finalmente eles terminaram seu relacionamento e seguiram rumos diferentes, vivendo a centenas de quilômetros um do outro. Tendo passado por um processo muito doloroso por causa do fim do relacionamento, Donna finalmente estava sentindo seu coração livre para receber o que quer que viesse em sua próxima vida. Ela passou um tempo numa montanha no Oregon saboreando aquela sensação.

Enquanto descia de carro a montanha, sentindo-se alegre e triunfante, ela ouviu a mesma voz que ouvira na noite em que conheceu David. Era uma voz tão clara quanto se estivesse vindo do rádio de seu carro: "Apesar das aparências, vai se casar com o homem."

Tendo acabado de superar a agonia de tirar "o homem" de sua vida, ela ficou furiosa e começou a discutir. Ela estava morando em Ashland, Oregon, e David ainda estava em San Diego, onde eles se conheceram. Não havia maneira dos dois esbarrarem um com o outro. A relação havia terminado, e ela, mentalmente, porém enfaticamente, apontou esse fato. — Você vai passar o verão em San Diego — disse a voz.

— Isso é ridículo! — respondeu a mente de Donna. — Além disso, como eu sustentaria a mim e às meninas?

Inabalada, a voz respondeu:

— Vão chegar trabalhos!

Naquela semana, Donna recebeu sete ofertas para dar aulas diferentes em San Diego, no verão seguinte. Enquanto isso, uma de suas melhores amigas em San Diego ligou para ela sugerindo que elas trocassem de casa, pois ela queria passar o verão em Ashland. Agora, todos os motivos para ela não ir a San Diego haviam sido eliminados.

Donna ligou para David para informá-lo de que ia passar o verão em San Diego. Educadamente, ela explicou que queria que ele soubesse daquilo diretamente por ela, em vez de por outra pessoa, e queria assegurá-lo de que ela não estava voltando para reencontrá-lo de forma alguma. Passaram-se semanas depois de Donna voltar a San Diego sem os dois se verem. Na verdade, David já estava em outro relacionamento.

Então, em 21 de junho de 1981, em San Diego, quatro anos depois de se conhecerem, David parou num posto de gasolina. Quando ele saiu do carro, não conseguiu acreditar no que viu. Lá estava Donna Eden, abastecendo seu carro! Quando seus olhares se encontraram, uma onda de eletricidade passou pelos dois. David quase gritou para ela: "Não! Não podemos fazer isso. Eu estou praticamente casado." Seus protestos não foram, no entanto, páreo para as energias que estavam atraindo magneticamente um em direção ao outro. Depois de apenas meia hora conversando, seu relacionamento estava firme e irrevogavelmente reestabelecido.

Quando David chegou em casa, a mulher que tinha acabado de ir morar com ele estava arrumando suas malas. Ela disse de forma profética:

— Não sei o que está acontecendo, mas acho que você precisa de espaço.

Outra coincidência interessante é que quando David parara no posto de gasolina, estava voltando de uma visita a seus pais. Quando ele estava indo embora, seu pai disse:

— Tenho um livro para você. Ele moldou muito minha maneira de pensar sobre saúde nos anos 1940, e achei uma cópia extra que devo ter comprado em algum momento. — O nome do livro era *Back to Eden* (De volta ao Éden).

Antes de tudo aquilo, enquanto tentavam conciliar a profunda conexão que sentiam com como era difícil ficarem juntos, David deu os dados de seu nascimento a uma astróloga. A astróloga lhe disse, basicamente, para encontrar outra pessoa, pois não havia como esse relacionamento dar certo. Sentindo-se bastante bobo por ter recorrido a algo tão não científico quanto astrologia, ele pelo menos quis saber se haveriam opiniões diferentes entre diferentes astrólogos. Ele levou os mesmos dados a dois outros astrólogos que chegaram praticamente à mesma conclusão. Donna já estava morando em Ashland na época, e David resolveu fazer uma última visita para ter certeza de que realmente não havia como funcionar.

Nesse meio tempo, Donna havia ficado amiga de uma mulher, Kate Maloney, conhecida por ser uma talentosa astróloga de muita profundidade espiritual. Donna combinou para que os dois se consultassem com ela. No dia marcado, no entanto, Kate ligou para Donna e disse que estivera doente e não conseguira fazer o mapa. David voltaria para San Diego no dia seguinte, então os dois nunca foram àquela consulta. Por mais que seu tempo juntos em Ashland houvesse sido bem intenso, David chegou à conclusão de que a história dos dois juntos tinha sido tão cheia de conflitos, combinada aos presságios negativos das três astrólogas, que retomar o relacionamento e se mudar para Ashland simplesmente não devia ser o caminho certo para ele. Ele terminou com Donna em um telefonema, agonizante para ambos.

Alguns dias mais tarde, Kate ligou para Donna e lhe disse que completara os mapas. Donna respondeu que era tarde demais. Ela não queria ver tudo que ela sentira que era certo no relacionamento agora que ele havia terminado. Na manhã seguinte, Kate ligou mais uma vez e disse que havia tido um sonho que acreditava estar lhe dizendo que Donna devia ir à consulta. Donna ainda não estava interessada. Alguns dias mais tarde, Kate ligou mais uma vez e disse que seus "guias" estavam determinados a levar a informação a Donna. Nem assim Donna se interessou. Mais ou menos naquela época, David e Donna tiveram uma conversa pelo telefone para amarrar algumas pontas soltas. De passagem, Donna mencionou as persistentes tentativas da astróloga de compartilhar com ela sua interpretação do mapa astral dos dois juntos. David, acreditando que a leitura simplesmente confirmaria as conclusões incrivelmente parecidas das outras três astrólogas — e consequentemente tornando mais fácil para Donna desistir de seu relacionamento — a encorajou a ir à consulta.

Quando Donna entrou, Kate descreveu uma profunda harmonia, maior que as incompatibilidades superficiais descritas pelas outras três astrólogas. Kate também viu o que as outras tinham ressaltado, mas ela sentia que havia uma história mais profunda. Ela disse:

— Vocês não vão ter filhos juntos — ambos ainda estavam na casa dos trinta, na época —, mas sua família será uma "família do homem".

David, psicólogo, e Donna, curandeira através da energia, tinham consultórios particulares, e na época não tinham intenção de trabalharem juntos nem de expandir seus negócios. No final, no entanto, eles juntaram as forças e, com o tempo, começaram a colaborar um com o outro, juntando suas respectivas modalidades e talentos. Enquanto escrevo isso, eles já alcançaram quase meio milhão de pessoas com suas aulas e livros, e treinaram e certificaram mais de mil profissionais da saúde, oferecendo serviços a incontáveis pessoas todas as semanas. Prover a cura para a "família do homem" viria a ser o maior propósito de suas vidas.

Apesar das sincronias aparentemente místicas que juntaram Donna e David, eles são os primeiros a afirmar que seu relacionamento é como o de todo mundo. Eles ainda se irritam um com o outro e não notam os sinais um do outro de maneiras que podem ser inconvenientes e verdadeiramente dolorosas. Então eles são almas gêmeas com um evidente destino juntos ou apenas mais um casal tentando levar o relacionamento adiante, dia após dia?

Depois de longas carreiras tentando ajudar pessoas a viverem mais alinhadas com seu mais alto potencial — o que Abraham Lincoln se referia como "os melhores anjos da nossa natureza" — Donna e David acreditam que o destino humano é determinado por três fatores essenciais: escolha, destino e acaso. As escolhas que você faz todos os dias são as maneiras mais decisivas com que você molda seu futuro.

O papel do destino em nosso futuro é mais evidente na sua herança genética. Sua altura, aptidões naturais e vulnerabilidade a certas doenças — apesar de poderem ser mediadas por suas escolhas e circunstâncias — são, num nível considerável, determinadas por seu destino. O destino também escolhe sua família e as condições que moldam sua identidade e personalidade. Além da simples herança genética, da família e da cultura de origem, o conceito de destino também implica que algumas outras circunstâncias em sua vida também são predestinadas.

Como isso pode funcionar? Assim como a estrutura de um corpo em maturação é inerente às energias que envolvem o embrião, como foi persuasivamente demonstrado por Harold Saxton Burr em seu trabalho sobre bio-eletrodinâmica, cada um de nós carrega uma energia que pode influenciar eventos-chave de maneiras pré-determinadas. Até mesmo ocorrências que parecem acontecer por acaso podem ser orquestradas pela mão invisível do destino.

Algumas coisas, no entanto, parecem ser produto do puro acaso, como quais pessoas são feridas num terremoto ou outro desastre em massa. Pelo lado positivo e criativo, o Universo usa o acaso, desde mutações genéticas aleatórias, como o mecanismo de evolução, à expansão.

Todos os três — escolha, destino e acaso — têm um papel na vida de todas as pessoas. Seja lá qual combinação de escolha, destino e acaso tenha unido um casal, seu relacionamento é uma jornada de suas almas, um encontro das mais profundas fontes de seu ser. Como disse o filósofo francês Pierre Teilhard de Chardin: "Não somos seres humanos tendo uma experiência espiritual, e sim seres espirituais tendo uma experiência humana." Olhando assim, o termo "almas gêmeas" é útil como um lembrete constante de que há mais acontecendo entre vocês do que aquilo que é óbvio na superfície.

O termo não é útil, no entanto, se você usa "alma gêmea" para significar que, para que seu relacionamento seja espiritualmente válido, ele de alguma maneira precise ter as qualidades de tranquilidade e senso de destino mencionados anteriormente. Esse conceito não fornece um grupo realista de padrões contra os quais seu relacionamento pode ser medido. Quando vocês se unem, suas almas estão criando mutuamente uma nova história na Terra, influenciada pelas histórias mais antigas que impulsionam vocês a avançar. A escolha não é se seu relacionamento é uma jornada de suas almas, e sim o quanto você deixa essa dimensão de sua parceria entrar na sua consciência e conscientemente fomentá-la.

SINCRONIA DE ALMAS

Meus amigos Lana Love e David Almeida experimentaram sincronias que os uniram. Lana é uma psicoterapeuta divorciada e curandeira energética na Austrália. Ela estava determinada a manifestar sua alma gêmea, participando ativamente de eventos para solteiros e se comprometendo a usar a Lei da Atração para trazer seu amado. Na sua lista de desejos de alma gêmea, ela escreveu que queria estar com um "autor místico". Uma noite, ela resolveu procurar no Google pelo termo "autor místico". Ela descobriu um americano chamado David.

Rapidamente, Lana encontrou David no Facebook e eles começaram a trocar postagens, o que levou a e-mails, mensagens de texto e Skype. Os dois tinham ótimas conversas sobre o sentido da vida e o atual estado do mundo. Dessas conversas, surgiu uma amizade, que mais tarde se aprofundou e se tornou um relacionamento amoroso. Depois de visitar Lana na Austrália por apenas cinco rápidos dias, David se mudou para a casa dela e de suas duas filhas. Hoje eles são almas gêmeas, amantes, melhores amigos e parceiros de negócio. Os dois têm um bem-sucedido programa de rádio chamado *Universal Soul Love* (Amor de alma universal), onde discutem assuntos que envolvem a criação consciente do Novo Paradigma Terrestre[8].

Lana e David completam as necessidades um do outro. Desde que ele entrou em sua vida, Lana pôde curar a tristeza e o trauma de abandono que sentia com seu pai e seu primeiro marido. O maior presente que David lhe deu foi o apoio de que ela precisava para usar seus próprios talentos. Ela tem um programa de rádio de sucesso, está escrevendo um livro e tem um negócio bem-sucedido, tudo isso graças a presença de David em sua vida. Antes de conhecer David, ela era uma mãe solteira com poucos recursos para atingir seus objetivos. Agora ela está alcançando sua maior missão.

Como ex-detetive particular, David precisava desvendar todo tipo de caso imaginável. Como resultado, ele aperfeiçoou sua habilidade em resolver problemas. Parte da missão de sua vida é apoiar as mulheres e sua essência feminina. Ele fora casado durante vinte anos, mas depois que seu pai morreu, David um dia acordou se perguntando se realmente queria viver pelo resto de sua vida como estava vivendo. Ele ansiava por novos desafios e reconheceu que o relacionamento de seu primeiro casamento tinha uma data de validade. Criar duas crianças num país estrangeiro enquanto montava um novo negócio era justamente o desafio de que ele precisava. Através dessas oportunidades, ele teve grande crescimento espiritual e pessoal. Lana mostrou a ele um amor mais profundo do que ele jamais experimentara, e que levou muita cura à sua vida.

Um presente de *O Segredo*

Curar é algo que fazemos um pelo outro, mesmo que muitas vezes pareça que estamos simplesmente cutucando velhas feridas, como uma criança enchendo uma caixinha de areia. A história de Lynn e Bob é um exemplo perfeito de como dificuldades podem tornar seu relacionamento sólido.

Quando criança, Lynn Rose era fascinada por Cinderela e todos os contos de fadas envolvendo magia e princesas. Ela sonhava em um dia conhecer seu príncipe, imaginando que sua chegada desencadeasse uma série de explosões de fogos de artifício. Ela visualizava o encontro como uma experiência de "alcançar o paraíso", profunda, espiritual e celestial. E, é claro, eles viveriam felizes para sempre, porque é isso que fazem príncipes e princesas.

Ela jamais imaginou que levaria cinquenta anos para encontrar sua alma gêmea e que ele chegaria emocional e financeiramente deteriorado.

Uma palestrante motivacional, cantora e compositora conhecida e muito amada, Lynn é uma loira alta e deslumbrante com um amplo círculo de amigos do movimento de aprimoramento pessoal. Tendo feito uma variedade de trabalhos para desenvolvimento emocional nela mesma, ela sabia que seus traumas de infância causados por seu pai alcoólatra e mãe excessivamente crítica estavam impedindo um profundo e duradouro relacionamento íntimo. Seus maiores problemas tinham a ver com perfeccionismo e medo de ser controlada e "dominada".

Numa noite de inverno de 2006, sentada no sofá com seu laptop, ela começou a assistir ao filme *O Segredo*, que mostra uma série de especialistas na Lei da Atração explicando como fazer seus sonhos se tornarem realidade. Quando Bob Doyle apareceu na tela, ela se lembra de sentir como se tivesse "levado um soco no estômago". "Fiquei ali ouvindo atentamente cada palavra que ele falava, e imediatamente senti como se tivéssemos nos conhecido em outros tempos. Até tive um flash de nós juntos nesta vida", relembra ela.

Com uma breve pesquisa pela internet, Lynn logo descobriu que Bob era casado e tinha filhos, e imediatamente resolveu esquecê-lo.

Muitos meses depois, Lynn foi contratada para fazer as entrevistas no tapete vermelho e cantar num baile de gala para caridade. Quando ela finalmente teve tempo de jantar, descobriu que não haviam a colocado numa mesa. Olhando pela sala, ela viu uma vaga numa mesa com apenas mais um lugar para sentar. Quando se sentou e olhou para o outro lado da mesa, à luz de velas, Lynn viu Bob Doyle sentado na sua frente, falando com um de seus amigos. Ela ficou surpresa com sua aparência. O homem bonito e vibrante de *O Segredo* estava quase irreconhecível. Ele parecia perturbado, tenso e nervoso. Apesar daquilo, ela imediatamente sentiu uma atração por ele e uma inexplicável e intensa química quando eles conversaram brevemente, fato que ela guardou para si mesma.

O que ela não sabia era que Bob estava em pleno inferno matrimonial. Ele e sua esposa de mais de vinte e quatro anos haviam tentado, repetidas vezes ao longo do tempo, "salvar" seu casamento e no processo conseguiram ter um terceiro filho, mas as coisas continuavam a rapidamente desmoronar.

No ano seguinte, no mesmo evento de gala, Lynn e Bob se encontraram mais uma vez. Dessa vez, eles tiveram uma conversa mais longa. Eles falaram sobre a possibilidade de fazer algum tipo de projeto juntos. No dia após o evento, eles trabalharam juntos num vídeo curto, e mesmo sentindo mais uma vez a química com ele, nem Lynn nem Bob admitiram aquilo.

Bob voltou para a costa leste, enquanto Lynn permaneceu em Los Angeles. A esta altura, eles tinham começado a se falar regularmente. Eles continuaram suas conversas sobre empreendimentos de negócios juntos, mas conforme começaram a se conhecer melhor, Bob acabou se abrindo e contou sobre sua vida e casamento deteriorado.

Durante este tempo, Lynn começou a suspeitar que Bob pudesse ser sua alma gêmea e ficou impressionada com o nível de interesses e conexões que eles tinham em comum, mas ela não queria fazer nem dizer nada que pudesse separar a família de Bob. Na verdade, ela o encorajou a pedir ajuda para ter certeza de que ele fizera tudo que podia antes de escolher sair de casa.

Finalmente Bob percebeu que o melhor para ele, sua mulher e filhos era seguir em frente com o divórcio, apesar de suas preocupações quanto a deixar seus filhos. Ele tentara ir embora diversas vezes na última década, mas dessa vez ele manteve-se firme em sua decisão.

Um mês depois de oficialmente terminar o casamento, Bob foi a Los Angeles para um evento e ligou para Lynn para encontrá-la enquanto estivesse lá. Bob estava passando por momentos de muito drama com sua ex-esposa na época, sentindo-se extremamente estressado, assustado e cansado. Durante essa época, Lynn estava tendo seus próprios problemas também. Apesar dos conflitos em suas vidas, não havia como negar que aquela química e aquele vínculo estavam lá. Daquele momento em diante, sua amizade se tornou uma conexão romântica. As coisas aconteceram depressa desde então — talvez depressa demais.

> Três semanas depois de Bob ter chegado a Los Angeles, ou dois meses depois de ter saído de casa, ele praticamente foi morar comigo, pois estava devastado financeiramente e não podia gastar dinheiro com um lugar para ficar. Estávamos ambos no nosso próprio modo "sobrevivência" na época, mas ainda assim parecia a coisa certa a fazer. É uma maneira louca de se começar um relacionamento. Nunca tivemos um cortejo nem uma fase de lua de mel.

Confiando fortemente na intuição de que Bob realmente era sua alma gêmea e que um dia eles encontrariam uma maneira de serem verdadeiramente felizes juntos, Lynn tornou-se a mais forte da relação, aguentando o peso financeiro, tornando-se a maior torcedora do Time Lynn & Bob e ajudando-o a restaurar sua confiança. Lynn admite que sua fantasia de "ser cuidada" ficou longe de ser realizada durante seus primeiros meses com Bob.

Quando eu questionava a mim mesma e me perguntava se estava me enganando — explica ela —, eu às vezes precisava confiar no meu "conhecimento mais profundo" e numa "escolha constante" para passar pela próxima hora, dia, semana ou mês, constantemente escolhendo o amor incondicional e a confiança.

Durante os dois anos seguintes, eles construíram um relacionamento e um negócio sólido juntos, e se transformaram em instrumentos de crescimento e expansão um para o outro. O brilhantismo de Bob na tecnologia e sua fama por ter estado em *O Segredo* combinado ao conhecimento de Lynn sobre mídia, marketing e atendimento a clientes contribuíram com seu sucesso.

Foram precisos seis meses de trabalho estressante ininterrupto para alcançar o nível de renda do qual eles precisavam e queriam. Manter o negócio teve seu preço em longo prazo, mas também forneceu a estabilidade da qual eles precisavam para então fazer a transição em direção a honrar suas verdadeiras paixões, formando uma parceria numa marca de música terapêutica. Como resultado, eles finalmente recuperaram seu senso de equilíbrio — financeiro e emocional — e criaram uma marca com um impacto positivo no mundo que só poderia ter acontecido através da parceria dos dois em particular.

Em suas vidas pessoais, o amor de Lynn pela vida e jeito entusiasmado de ser no mundo dispersou a nuvem negra que pairava sobre Bob por causa dos anos sentindo-se apagado em seu antigo casamento. A compaixão e aceitação de Lynn pelos desafios e estresses de Bob deram a ele a liberdade de ir daquela época insuportável a um lugar onde ele agora prospera.

Se é preciso explicar de alguma maneira, fizemos ao contrário — diz Lynn. — Fomos atirados na fogueira desde o início, aguentamos todo tipo de tempestade e tivemos que aguentar a prova do tempo e seus desafios. Agora podemos relaxar com o laço da própria relação. A maioria dos relacionamentos começa como uma fantasia, para então ser testado quando algum desafio aparece. Nós invertemos a ordem e somos muito mais fortes por isso. Agora sei que uma alma gêmea é um parceiro que está lá como um espelho para que possamos crescer completamente e descobrir quem somos, quem podemos ser e quem nascemos para ser.

Hoje, eles estão cem por cento presentes um para o outro. Como melhores amigos, amantes e parceiros de negócios, eles são parceiros de vida comprometidos que se amam incondicionalmente com honestidade, confiança implícita, e comunicação às claras. Os dois até acreditam que estiveram juntos em vidas passadas.

Apesar das dificuldades e dores fenomenais pelas quais passamos inicialmente, finalmente começamos a fase da "lua de mel". Valeu a pena tudo que tivemos que suportar, e ambos somos gratos pelas dádivas de profundo crescimento que vivenciamos, junto com como nos unimos para contribuir de maneira única para o mundo como um casal — conclui Lynn.

Relacionamentos de alma aprofundam nossa experiência com o outro. Mas como em qualquer relacionamento, relacionamentos entre almas gêmeas não são mais fáceis. A boa notícia é que eles nos conectam de maneiras poderosas que podem ajudar quando os tempos ficam difíceis.

CINCO

Diferenças irreconciliáveis são normais

Sua tarefa não é ir em busca do amor, mas meramente procurar e encontrar todas as barreiras dentro de si que você construiu contra ele.

Rumi

Um casamento é como uma maratona. Para correr uma maratona é preciso se esforçar constantemente para ficar em forma. Na noite anterior à corrida, você fica empolgado, ansioso e talvez até um pouco apreensivo. Sua incansável mente pode ficar cheia de dúvidas como: "Consigo realmente fazer isso? Treinei bem o bastante? Vou cruzar a linha de chegada? Quando chegar ao meu limite, terei força e comprometimento suficientes para continuar?"

Na noite antes do casamento, a maioria das noivas de primeira viagem fica ansiosa por seu "dia de princesa" e, se estiver sentindo algum nervosismo de última hora, é por causa da comida, das flores ou se o louco tio Joey já vai estar bêbado antes de servirem o jantar. A preparação para o evento focou principalmente os detalhes da ocasião, em escolher o vestido de noiva ideal, enviar os convites, fazer a lista de presentes e planejar uma lua de mel inesquecível.

A diferença entre noivas e maratonistas pode ser resumida assim: quase todos os corredores passam meses, senão anos, entrando em forma e treinando para a maratona. Eles não estão casualmente aceitando ir dar uma volta de quarenta e dois quilômetros no parque. Eles sabem que precisam se preparar, tanto física quanto mentalmente, para esse evento de resistência.

Imagine que parte da preparação para um casamento inclua se tornar um "estudante do amor"! A verdade é que pouca gente pensa no casamento enquanto se prepara para casar. Mas como poderiam? Noivos de primeira viagem não têm o contexto nem a experiência para entender no que estão entrando. A maior parte das pessoas não pensa para além da própria cerimônia. Relacionamentos se beneficiariam muito de uma mudança de apenas uma preparação para "o grande dia", para uma preparação para "a grande vida juntos".

Mas eis as boas notícias: não é tarde demais para se comprometer a "treinar" para uma vida de amor e alegria em seu relacionamento.

Um dos fatos sobre casamento mais libertadores e chocantes que já ouvi veio do psicólogo e pesquisador dr. John Gottman, da Universidade de Washington, que descobriu que todos os casais têm pelo menos *nove* diferenças irreconciliáveis. Estas são questões "insolúveis" que frequentemente são as fontes de discussões. Listei a seguir as dez mais comuns:

Envolvimento com sogros e famílias
Equilíbrio entre casa e trabalho
Comunicação
Sexo
Hábitos pessoais e idiossincrasias
Divisão de responsabilidades da casa
Amizades fora do relacionamento
Visões políticas
Dinheiro e dívidas
Disciplina dos filhos

Vamos ver um exemplo de como um casal resolveu suas diferenças envolvendo dinheiro.

Tendo conhecido Denis quando já estava na casa dos quarenta anos, Peggy McColl estava acostumada a cuidar de suas responsabilidades financeiras sozinha. Seu bem-sucedido negócio lhe garantira uma ótima remuneração. Claro que ser uma empreendedora envolve riscos financeiros, mas seu sistema de crenças era baseado em confiança e num comprometimento em cumprir com suas obrigações financeiras com tranquilidade e harmonia. Resumindo, ela tinha uma atitude de abundância financeira, e não uma de medo ou de escassez.

Uma pessoa cautelosa por natureza, Denis fora treinado como piloto do exército e nunca subia a bordo de um avião sem um plano B. O que ele achava ser uma maneira inteligente de se pensar soava como negatividade aos ouvidos de Peggy. Ela enfatizava a oportunidade, ele enfatizava a cautela.

A interpretação de Peggy quanto às perguntas dele sobre dinheiro era a de que ele não confiava ou não acreditava nela. Em algum nível, ela se sentia atacada e surpresa pela rigidez dele sobre assuntos monetários.

Uma noite, durante o jantar, Peggy resolveu ir a fundo no assunto. Abordando o problema gentilmente, Peggy perguntou a Denis por que ele era tão preocupado com dinheiro, considerando que os dois estavam bem financeiramente. Denis lhe contou que em seu casamento anterior sua esposa era muito irresponsável com dinheiro. Ele descreveu como ela uma vez gastou o dobro do que ganhava em um ano, levando um fardo financeiro para um relacionamento já desgastado. Os hábitos financeiros irresponsáveis dela criavam uma constante tensão no casamento, e era uma coisa que ele jamais queria que se repetisse. Como David fora treinado a sempre ter um plano B, ele precisava de algum tipo de garantia de que tudo ficaria bem se, devido a um acidente ou uma doença, Peggy não conseguisse ganhar dinheiro. Sua maior apreensão era que ele teria que carregar todo o fardo financeiro caso ela não estivesse apta a contribuir. Sua preocupação não vinha de nenhuma desconfiança nem descrença nas decisões profissionais de Peggy; ele simplesmente precisava da segurança de que as coisas estavam em seu devido lugar para ficar com a consciência tranquila.

Pensando naquela conversa algumas noites depois, Peggy teve uma tremenda revelação. Abraçados no sofá enquanto assistiam a um jogo de hóquei na TV, comendo sua pizza favorita, Peggy subitamente percebeu que quando seus pontos de vista quanto a como lidar com dinheiro eram combinados, eles lhe ofereciam algo de muito valor: segurança a longo prazo e paz de espírito. Ela viu que sua atitude positiva quanto a sempre ter abundância de dinheiro combinava lindamente com a cautela de Denis. Ele era treinado e preparado para desafios inesperados.

Duas coisas ótimas resultaram das *diferenças* financeiras entre o casal: respeito e visão em longo prazo. Quando Peggy entendeu a origem da cautela de Denis em relação a dinheiro, ela comprou três tipos de seguro e fez alguns investimentos para ter mais segurança.

DIFERENÇAS IRRECONCILIÁVEIS SÃO NORMAIS

Ela também aprendeu a respeitar as crenças de Denis quanto a dinheiro sem tentar mudar a maneira de pensar dele.

Imagine saber, antes de se casar, que haveria uma longa lista de questões importantes sobre as quais você e seu companheiro nunca vão concordar — ou sobre as quais vão ativamente discordar — durante algum tempo. Agora imagine entender que isso é normal e que o que é preciso fazer é aprender as habilidades e estratégias para amar, respeitar e prosperar, apesar daquilo que parece ser apenas discórdia e fracasso!

Uma coisa que Brian e eu resolvemos fazer no começo do nosso relacionamento foi tomar a decisão de que nossa união seria nossa prioridade número um. Prometemos um ao outro que nossas escolhas seriam baseadas não no que Arielle queria nem no que Brian queria, e, sim, no que no final seria melhor para o nosso relacionamento. Esse comprometimento mútuo significava que quando encontrássemos os inevitáveis desacordos e problemas ninguém ameaçaria ir embora, e ambos assumiriam a responsabilidade de encontrar uma solução.

Aprender a discutir seus problemas com seu parceiro começa com gentileza, respeito e afeto. Pesquisas mostram que em 96 por cento das vezes, a parte mais importante de um diálogo potencialmente complicado com seu parceiro são os primeiros três minutos. Esses primeiros minutos predizem como será o restante da conversa. Ao decidir de antemão que você quer abordar seu parceiro com gentileza, respeito, afeto e talvez até um pouco de humor, você garante mais chances de um resultado melhor.

Gottman acredita que, ao se conversar sobre diferenças, é imperativo evitar o que ele chama de "Os quatro cavaleiros do Apocalipse":

1. Críticas (atacar o caráter de seu parceiro).
2. Desdém (expressar aversão, o fator número um em separar casais).
3. Atitude defensiva (culpar e contra-atacar o caráter de seu parceiro).

4. Bloqueio (dissociar-se ou deliberadamente ignorar seu parceiro).

Lembre-se de tocar nos assuntos gentilmente e usar frases com "eu" calmamente em vez de dar declarações acusatórias, críticas ou sarcásticas. Não culpe nem envergonhe, e, sim, fale por si mesma. Por exemplo, você pode dizer: "Eu me senti negligenciada e ignorada no jantar, ontem à noite, quando estávamos com os Smith" ou "Eu me sinto sem apoio quando peço mais ajuda com meus projetos atuais".

Se é você ouvindo as declarações com "eu", lembre-se de não exibir nenhum dos comportamentos dos quatro cavaleiros do Apocalipse, e sim de se voltar para a pessoa e perguntar num tom de voz amoroso e cuidadoso: "Me explique mais, quero entender e fazer a coisa certa por nós dois".

Em 1990, Gottman fez um estudo com 130 recém-casados num retiro e seis anos mais tarde os reencontrou. Uma de suas maiores descobertas foi que se dirigir ao seu parceiro com o que ele chama de "oferta" é um grande indicador de um casamento bem-sucedido. Nossos parceiros pedem conexão ao longo do dia todo. Brian frequentemente quer compartilhar comigo coisas que ele lê em jornais e revistas de que gosta e que acha que também posso achar interessante. Apesar de eu geralmente estar fazendo outras coisas, eu paro, aceito sua "oferta", e vejo o que ele me ofereceu. Noventa e nove vezes de cem ele tem razão; eu realmente acho essas coisas interessantes. Se eu o ignorasse ou recusasse, ele veria aquilo como um sinal de desinteresse.

Seis anos após o retiro com os recém-casados, Gottman descobriu que aqueles que ainda estavam casados "aceitavam a oferta" 87 por cento do tempo. Nove vezes de dez eles satisfaziam as necessidades emocionais de seu parceiro. Por outro lado, casais que haviam se divorciado desde então ou que estavam em casamentos cronicamente infelizes "aceitavam a oferta" apenas cerca de 33 por cento das vezes. Ele chama aqueles que foram bem-sucedidos em seus casamentos de "mestres", e os que falharam de "desastres".

"Mestres têm o seguinte hábito mental: eles observam seu meio social em busca de coisas que possam apreciar e pelas quais agradecer. Eles constroem essa cultura de respeito e apreço propositalmente. Desastres observam seu meio social em busca de erros por parte de seus parceiros", explica Gottman[9]. Mestres criam um clima de confiança e intimidade, enquanto desastres criam um clima de crítica e desdém. Resumidamente, mestres procuram o que está certo, e desastres o que está errado.

A GENTILEZA COMO UM MÚSCULO

Sabemos que desdém e críticas podem matar romances e casamentos. O antídoto é a prática da gentileza. É provado que a gentileza é um dos maiores indicadores de felicidade a longo prazo num relacionamento. Pense em gentileza como uma espécie de cola para o amor.

Ser gentil não significa ser bonzinho e fingir que não está sentindo o que você está sentindo. Ser gentil significa ser autêntico. Você ainda pode expressar sua raiva e mágoa, mas é a maneira pela qual você expressa suas emoções que importa. Em vez de culpar a outra pessoa, explique por que está chateada ou com raiva. Este é o caminho da gentileza.

Se ser gentil não é algo fácil para você, lembre-se de praticar como se estivesse treinando um novo músculo. Quando sentir que está começando a culpar, desprezar, criticar, ficar na defensiva ou ignorar, dê um passo para trás, respire e conte até dez. Quanto mais cientes estivermos de nossas respostas automáticas, mais cedo podemos captar os sinais que estamos enviando, e mais rapidamente podemos alterar nosso comportamento da próxima vez.

PRECISAMOS CONVERSAR

Criar um clima para uma conversa amável, respeitosa e gentil não é possível quando alguém começa dizendo "Precisamos conversar!" num tom de voz ameaçador. Exceto por talvez ouvir de seu médico "Você está com câncer", as palavras "precisamos conversar" são provavelmente uma das coisas mais assustadoras que uma pessoa pode dizer à outra. Quando você chegou no limite e está emocionalmente instável, uma comunicação eficaz só pode acontecer se você se acalmar, se centrar e pensar claramente. No final deste capítulo vou fornecer diversas ferramentas eficazes de alívio emocional que uso frequentemente.

Harville Hendrix diz que a qualidade número um de um bom casamento é a segurança. Precisamos nos sentir física e emocionalmente seguras com nossos parceiros, assim como unidos e apaixonados. Quando nos sentimos seguras com nossos parceiros, podemos baixar a guarda e sentir a conexão um com o outro. E com isso vem uma sensação de prazer e tranquila vivacidade.

Ele também diz que toda crítica é "uma forma de violência". "Seja formulada de maneira gentil ou cruel, uma crítica sempre vem de algum tipo de julgamento", explica Harville. Ele recomenda que todos os casais façam um juramento sagrado de zero negatividade: zero negatividade é quando ambas as partes "se comprometem totalmente a não colocar o outro para baixo, nem apelar para comentários e comportamentos negativos. É imperativo que ambas as partes de um casal se comprometam seriamente com essa abordagem. Não apenas temporariamente e, sim, sempre."

Pedir por esse tipo de comprometimento pode ser tão fácil quanto dizer a seu parceiro: "Sabe, meu bem, eu realmente amo como você faz A, B e C para mim e nossa família. E não há ninguém melhor que você quando se trata de D e E. E eu quero que continuemos crescendo juntos e tendo um relacionamento dos sonhos, onde os dois se sintam sempre emocionalmente seguros. Outro dia ouvi falar sobre o Compromisso de Zero Negatividade, a partir do qual nós concordamos em nunca colocar o outro para baixo nem fazer comentários negativos um para o outro. Eu adoraria se pudéssemos concordar em fazer isso juntos. O que acha?"

Se você sentir um pouco de resistência por parte de seu parceiro porque ele sente que precisa dar a você algum feedback ocasionalmente, pergunte se ele aceitaria fazer isso de uma maneira mais

DIFERENÇAS IRRECONCILIÁVEIS SÃO NORMAIS

gentil e num tom de voz mais acolhedor. Seu parceiro pode não mudar imediatamente, mas se você se encontrar sendo criticada, pode responder num tom de voz neutro: "Poderia me dizer isso de uma maneira diferente?" Zero negatividade não significa que você não pode pedir mudanças de comportamento nem que precise reprimir suas preocupações ou desejos; tudo depende apenas da maneira com que você faz o pedido.

Geralmente avessa a confrontos, sou uma medrosa quando se trata de "conversas sérias". Se meu marido e eu precisamos ter uma "conversa", fico sempre torcendo para ela acabar o mais rapidamente possível, enquanto Brian fica bastante confortável explorando as questões por todos os ângulos. Diferente de mim, ele tem curiosidade e energia para conversar durante horas e, em alguns casos, até dias.

Apesar de nossas diferenças, que você poderia dizer que são irreconciliáveis, ao longo dos anos descobrimos que o elemento que pode construir a ponte da separação para a superação é a comunicação. Graças à nossa experiência com muito especialistas em comunicação excelentes, aprendemos um segredo que desejo passar a vocês: *timing* é tudo.

Imagine tentar construir a cidade de Roma enquanto se tem outros projetos para terminar antes. Quando você é puxado em diversas direções, é criada tensão. Se você tem algo a importante a dizer para seu parceiro, não vai querer descarregar o que está pensando quando ele está ocupado, estressado ou distraído.

Como saber qual o momento certo? Perguntando. As simples palavras "Agora é uma boa hora para uma conversa rápida? Tem uma coisa com a qual não estou sabendo lidar e que preciso compartilhar com você." é uma maneira de abordar o assunto. Se "agora" não for uma boa hora, peça para que ele lhe diga quando estiver disponível.

Antes de tocar no assunto principal, lembre-se de adornar seus pensamentos com expressões de amor e apreço. Comece sentindo isso com o coração. Esteja disposta a estar vulnerável e dê declarações incluindo o "eu" num tom de voz caloroso, e não cheio de acusações.

Tente manter a conversa curta, sem passar dos trinta minutos (dez minutos é o ideal para a maioria dos homens), e se realmente precisar de mais tempo, faça uma pausa e depois volte. Essas discussões não são uma competição para ver quem ganha ou perde. Pense nisso. Como ganhar quando a pessoa que você mais ama no mundo está perdendo?

Outra consideração relevante quando se está tendo conversas importantes é onde elas vão acontecer. Brian e eu muitas vezes temos nossas conversas quando saímos para caminhar. Já ouvi falar de alguns casais que acham mais fácil conversar quando estão no carro dirigindo. Ao se ter conversas importantes enquanto se caminha ou dirige, em vez de num encontro sentados cara a cara, você não está mais criando o clima de "estamos discutindo a relação". Segundo os especialistas em amor Gay e Kathlyn Hendricks, esse cenário mais casual "libera energia criativa" e, se estão conversando enquanto caminham, ainda estão "fazendo o sangue e o oxigênio circularem por seus corpos e cérebros em vez de só ficarem sentados em cima de seus traseiros". Como Kathlyn gosta de dizer: "Se é físico, é terapia!"

Seja lá onde e quando resolver ter uma conversa mais profunda, lembre-se de que vocês são um time tentando resolver uma questão para os dois saírem ganhando no relacionamento e comprometa-se a prosseguir com amor, respeito e gentileza.

COMO OUVIR QUANDO SEU PARCEIRO PRECISA CONVERSAR

Uma das melhores maneiras de escutar cuidadosamente para que seu parceiro tenha certeza de que você o está entendendo é aprendendo uma técnica simples e fácil com cinco passos, conhecida como *Imago Dialogue*:

Passo 1: *Escute* sem interromper.

Passo 2: *Aja como um espelho*. Quando seu parceiro parar de falar, repita para ele o que você escutou o mais precisamente possível. Pergunte: "Entendi essa parte?" e "Há algo mais?"

Passo 3: *Resuma*, especialmente se ele acrescentou mais coisas. Então pergunte mais uma vez: "Há algo que ficou faltando?"

Passo 4: *Valide*. "O que você disse faz sentido para mim." Essa declaração não significa que você concorda com ele; ela simplesmente o deixa ciente de que você o entende.

Passo 5: *Crie empatia*. Deixe-o saber que você pode imaginar, se estivesse na posição dele, como ele pode estar se sentindo, talvez magoado, com medo, com raiva, decepcionado e por aí vai.

Quando você escuta dessa maneira cuidadosa e estruturada, seu parceiro vai se sentir visto, ouvido e compreendido.

Até agora você recebeu diversas ferramentas para melhorar sua comunicação. Mas e se você estiver no limite, tomada de emoções e sem conseguir falar propriamente? Lidar com emoções conturbadas é uma habilidade importante que vai melhorar não só sua qualidade de vida, como também a qualidade de seus relacionamentos. Ao longo dos anos, criei um kit de ferramentas emocional para me ajudar a ajustar meu humor quando estou estressada, ansiosa ou simplesmente fora de sintonia comigo mesma e meus arredores. Aqui vão diversas ferramentas de alívio emocional que acho eficientes.

TAPPING

O primeiro método envolve uma técnica de relaxamento conhecida como *EFT tapping*, que significa *Emotional Freedom Technique tapping*. Tendo usado este método diariamente durante anos, pude libertar diversos tipos de turbulência emocional, dores físicas e até mesmo bloqueios criativos! Respaldada por pesquisas, essa eficiente técnica usa seus dedos para dar leves batidinhas em pontos de acupressão na cabeça, corpo e mãos. Milhões de pessoas a usam como uma forma eficaz de terapia para ansiedade, depressão, raiva, transtorno de estresse pós-traumático e muito mais.

Meu querido amigo Nick Ortner é um especialista renomado mundialmente nessa técnica e autor do best-seller *The Tapping*

Solution. A seguir há um guia passo a passo para usar quando você estiver com medo ou ansiosa para ter uma conversa com seu parceiro.

Nessa técnica, você vai liberar bloqueios internos para uma melhor comunicação em relacionamentos. Mesmo quando queremos melhorar a qualidade da comunicação, seja ela com nosso esposo, mãe, filho, amigo ou vizinho, ainda assim frequentemente experimentamos resistências internas. Há muitos diferentes motivos para resistirmos à ideia de nos abrirmos para alguém num relacionamento. Pode ter havido uma perda de confiança em algum momento ou podemos ter experimentado reações negativas no passado que fazem com que nos sintamos inseguros quando nos abrimos e nos tornamos vulneráveis. Também podemos ter aprendido que expressar emoções, uma parte necessária para a melhoria da comunicação nos relacionamentos, é de alguma maneira inaceitável ou inapropriada.

Seja qual for o caso, para melhorar a comunicação num relacionamento, primeiro precisamos cuidar de nossos próprios bloqueios internos para sermos mais abertas com aquela pessoa em particular. Este exercício deve servir como um guia para você usar o *tapping* nesta área e lhe dar uma noção da linguagem geral acerca das batidinhas, bem como algumas ideias de como usá-las.

Como sempre, se a linguagem não se aplicar a você, pode mudá-la para se adequar às suas necessidades. Conforme avança pelo exercício, preste atenção em ideias específicas, pensamentos, impressões, emoções ou lembranças que você poderá usar quando fizer as batidinhas, seja durante a sessão, seja sozinha. Quanto mais específica puder ser com sua experiência, com o que exatamente está sentindo, o que aconteceu, no que acredita, melhores os resultados serão.

Antes de começar a usar o *tapping* é bom avaliar você mesma numa escala

> A alma é o centro do seu ser. Ela é eterna. Ela não existe no tempo e no espaço, um campo de infinitas possibilidades e infinita criatividade. Ela é seu ponto de referência interna com o qual deve sempre manter o contato.
>
> *Deepak Chopra*

DIFERENÇAS IRRECONCILIÁVEIS SÃO NORMAIS

de zero a dez, onde dez significa que você está sentindo extremo desconforto emocional. Dessa maneira, depois de cada sessão de *tapping*, você pode determinar seu progresso, para que finalmente reduza seu nível de desconforto para um ou dois, ou até mesmo para zero.

A TÉCNICA DO TAPPING

Primeiro, passe alguns minutos fazendo o que chamo de *tapping* "negativo" ou "da verdade". Dê batidinhas numa área ou duas enquanto expressa o que está sentindo no momento. O propósito não é ancorar seu sentimento, e sim assumir que ele existe e deixá-lo ir. Sentir-se segura para admitir como você se sente e para falar a verdade sobre sua experiência atual é uma das coisas mais poderosas que se pode fazer.

Em seguida, foque o relacionamento do qual você quer melhorar a comunicação. Visualize-se expressando abertamente para aquela pessoa como você se sente. Nessa visualização, você vai compartilhar mais de você mesma e da vida com aquela pessoa.

Faça isso agora e note a sensação. O quão desconfortável e inseguro é se abrir com aquela pessoa? Você está disposta a ser aberta e honesta, mesmo sem saber que tipo de reação vai ter de volta? Veja isso agora e foque nessa sensação. O que apareceu? O que você sente no seu corpo quando se vê se abrindo? Numa escala de zero a dez, o quão desconfortável você fica quanto a se abrir neste relacionamento em particular?

TRANSFORME SEU PARCEIRO NA SUA ALMA GÊMEA

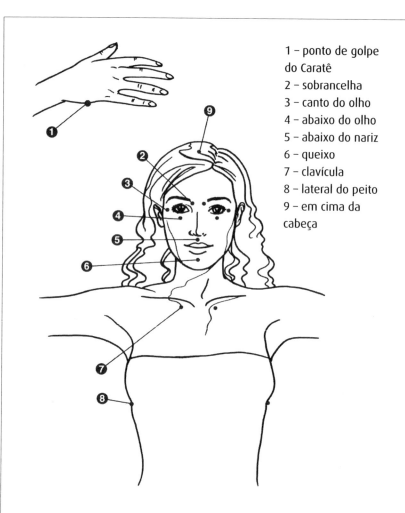

1 – ponto de golpe do Caratê
2 – sobrancelha
3 – canto do olho
4 – abaixo do olho
5 – abaixo do nariz
6 – queixo
7 – clavícula
8 – lateral do peito
9 – em cima da cabeça

Agora inspire profundamente três vezes enquanto começa a se sentir segura e confortável em seu corpo. Sinta-se presente no tempo e no espaço. Note as sensações que resultaram de se abrir para outra pessoa. Agora começaremos a dar batidinhas três vezes no ponto do Caratê.

Enquanto você bate em cada uma das partes do corpo listadas abaixo, repita as frases correspondentes.

Lateral da mão:

"Mesmo que eu me sinta muito desconfortável me abrindo e sendo honesta com essa pessoa..."

"Eu me amo e aceito como me sinto."

"Mesmo que ser mais aberta na comunicação com essa pessoa pareça muito arriscado..."

"Eu me amo e aceito como me sinto."

"Mesmo que me abrir com essa pessoa pareça ser uma péssima ideia..."

"Eu me amo e me aceito profunda e completamente."

Sobrancelha:

"Simplesmente não consigo me abrir com essa pessoa."

Canto do olho:

"Não parece seguro."

Debaixo do olho:

"Não sei como a pessoa vai reagir."

Debaixo do nariz:

"Acho que não consigo ser mais aberta e honesta com essa pessoa."

Queixo:

"Posso ser magoada."

Clavícula:

"Posso magoar a pessoa."

Lateral do peito:

"Não é boa ideia."

Topo da cabeça:

"Simplesmente não parece seguro me abrir mais com essa pessoa."

Sobrancelha:

"Não tenho certeza de que consigo."

Lateral do olho:

"E se alguém se machucar?"

Debaixo do olho:

"Não parece boa ideia."

Debaixo do nariz:

"É tão difícil confiar meus sentimentos a essa pessoa."

Queixo:

"Simplesmente não quero fazer isso."

Clavícula:

"Mas se eu não me abrir, pode ser que as coisas nunca mudem."

Axila:

"Nosso relacionamento pode nunca melhorar."

Diferenças irreconciliáveis são normais

Topo da cabeça:
"E esse relacionamento é tão importante para mim."

Sobrancelha:
"Quero que esse relacionamento melhore."

Lateral do olho:
"E isso pode significar que preciso me abrir."

Debaixo do olho:
"Preciso estar disposta a me comunicar."

Debaixo do nariz:
"Isso pode significar correr alguns riscos."

Queixo:
"Pode não parecer seguro."

Clavícula:
"E tudo bem."

Lateral do peito:
"Reconheço o que em mim não se sente seguro."

Topo da cabeça:
"Me abrindo."

Sobrancelha:
"E se eu simplesmente conseguisse começar?"

Lateral do olho:

"Não preciso fazer tudo de uma vez só."

Debaixo do olho:

"Posso começar me abrindo aos poucos com essa pessoa."

Debaixo do nariz:

"Pouco a pouco, posso dividir mais do que estou sentindo."

Queixo:

"E isso ainda dá medo."

Clavícula:

"E tudo bem."

Lateral do peito:

"Por que não tentar melhorar nossa comunicação dá ainda mais medo."

Topo da cabeça:

"Agora é a hora de fazer esta mudança."

Continue dando tapinhas pelos pontos no seu próprio ritmo, movendo pela sobrancelha, lateral do olho, debaixo do olho e assim por diante, e sinta o que acontece no seu corpo. Se veja conversando com essa pessoa. Visualize agora. O que é que você precisa dizer? Veja-se dizendo isso. Como se sente quando o diz? Sente alguma tensão ou medo no corpo? Apenas perceba essas sensações. Bata pelos pontos e sinta sua descarga. Veja-se dizendo o que precisa dizer. Como a pessoa reage? Você tem medo do que ele ou ela vá dizer? Tem medo do que pode acontecer? Note as sensações no seu corpo.

Simplesmente fique repetindo esse filme no qual você diz o que precisa dizer. Sinta-se cada vez mais confortável, sentindo-se segura, abrindo seu coração, estando presente neste momento no tempo, falando sua verdade e o fazendo com amor e compaixão. Veja-se dizendo o que precisa dizer. E sinta como é bom para seu corpo se abrir, amar e sentir aquilo. Não importa o que a pessoa diga ou como reage, você está dizendo sua verdade. E você se sente segura em sua própria pele fazendo isso.

Passe esse filme mais uma vez, tamborilando pelos pontos e sentindo-se cada vez mais segura. Descarregue qualquer experiência prévia ruim ou lembrança negativa, ou qualquer coisa que a tenha impedido de se sentir segura se comunicando. Deixe ir embora todos esses medos. Sinta seu coração abrindo-se novamente, sentindo-se seguro para confiar, para se comunicar, para dizer sua verdade, e sinta como é ser forte, ser amável, ser gentil. Sinta isso no seu corpo.

Quando estiver pronta, pode lentamente abrir os olhos e parar as batidinhas.

Inspire profundamente e note o que está sentindo agora. Passe aquele filme na sua mente mais uma vez. Veja a si mesma se abrindo para aquela pessoa. E confira. Ainda se sente desconfortável? Numa escala de zero a dez, qual o grau do desconforto? Era dez antes e está em oito agora? Ou em cinco? Significa que você está indo na direção certa, vencendo a resistência. O que mais surgiu nesse processo? Que outras emoções, recordações e ideias?

Tire um tempo para escrever qualquer outra coisa que tenha vindo à tona durante o exercício. Continue o exercício agora ou

> se comprometa a fazer isso no futuro, abrindo-se num relaciona-
> mento, dizendo sua verdade de um lugar de amor e compaixão.
> Comprometa-se a continuar a vencer qualquer resistência que
> você tenha sobre esse assunto e a melhorar a comunicação em
> seus relacionamentos.

Esse método toma um pouco de tempo, mas há uma segunda abordagem que você pode seguir quando nota que está perdendo o controle de suas emoções. E ela é tão simples quanto deixar cair um lápis no chão.

O Método Sedona

Uma das técnicas de libertação emocional mais rápidas e eficazes que uso regularmente é o Método Sedona. Tive a sorte de aprendê--lo de um mestre, Hale Dwoskin. Hale foi meu cliente e hoje fico feliz em chamá-lo de amigo. Autor do best-seller do *The New York Times*, *The Sedona Method: Your Key to Lasting Happiness, Success, Peace and Emotional Well-Being* (O Método Sedona: sua chave para a felicidade, sucesso, paz e saúde mental duradouros), Hale tem ajudado homens e mulheres a terem relacionamentos felizes, saudáveis, satisfatórios e interessantes há quatro décadas.

O Método Sedona é um jeito simples de cultivar nossa habilidade natural de libertarmos os sentimentos que nos atrapalham a ter, ser e fazer o que escolhemos. Em apenas segundos, você consegue se ver livre de raivas, mágoas, medo, frustrações, decepções, preocupações e ansiedades. Esse método é particularmente útil durante aqueles momentos em que você sente vontade de desistir de tudo.

O primeiro passo do processo é permitir a si mesma *honrar seja lá o que você estiver sentindo*. Então, permita-se a simplesmente sentir honestamente. Por exemplo, se você chegou à "raiva nível dez", evite fingir que a raiva não está lá ou tentar encontrar uma maneira de se distrair. Em vez disso, dê a si mesma um momento para estar onde você realmente está: com raiva no nível dez.

DIFERENÇAS IRRECONCILIÁVEIS SÃO NORMAIS

Em seguida você pode *fazer uma escolha*. Pode escolher ficar com raiva ou pode escolher o que é realmente verdadeiro em seu coração. Às vezes nossa raiva é justificável, às vezes não. De qualquer modo, podemos aprender a liberar aquela raiva e redescobrir o que é realmente verdadeiro para nós.

Se você resolver descobrir o que está no seu coração, o passo seguinte é *reconhecer que você pode se libertar daquele sentimento*. Um bom teste é tentar manter aquele nível de raiva durante cinco minutos ou mais. Consegue fazê-lo? Provavelmente, você vai se descobrir pensando em outras coisas durante esses poucos minutos de concentração. A raiva é exaustiva. A boa notícia é que não conseguir ficar com raiva também é sinal de que você consegue superá-la, mesmo que por um segundo ou dois. Nesses poucos minutos, você pode provar a si mesma que *pode* se libertar das coisas.

Não importa se seu parceiro merece perdão ou não. Essa escolha é sua e ela repercute no *seu* bem-estar antes e acima de qualquer coisa. Quando você escolhe se libertar de algo, está libertando a coisa mais importante: você. Quando de fato você deixa ir, todos os tipos de novas possibilidades se abrem para você.

Numa das primeiras vezes que assisti Hale discursar diante de um público a respeito do Método Sedona, achei o conceito de "deixar ir" um pouco vago demais. Parecia simples demais. Simplesmente deixar ir? Eu não tinha certeza quanto àquilo.

Então Hale nos instruiu a fazer um exercício. Colocamos uma caneta em nossa mão direita, fechamos o punho em volta dela com o lado da palma virado para baixo e esticamos o braço direito. Em seguida, Hale nos orientou a simplesmente abrir a mão quando ele contasse até três e *deixar ir*.

Voilà! Eu finalmente entendi. Libertar pode ser rápido e fácil.

Aqui vão algumas perguntas simples que você pode usar para deixar ir:

1. "Posso deixar ir?" Vá fundo aqui. De verdade, você consegue? Se algum dia você conseguiu limpar o filtro da sua má-

quina de lavar roupas, então você também consegue deixar o sentimento ruim ir.

2. "Vou deixar ir?" Aqui, trata-se de uma questão de vontade. Você prefere se sentir infeliz ou feliz e livre por sua própria paz de espírito e clareza mental?

3. "Quando vou deixar ir?" "Quando" é um convite a escolher deixar ir e ser livre agora.

Essas questões podem parecer simples, e elas realmente são. É por isso que são tão eficazes. Assim como o exercício de comunicação eficiente deste capítulo, o Método Sedona também requer uma aceitação de sua responsabilidade pessoal e seu comprometimento com sua felicidade. Repita essas perguntas quantas vezes precisar até sentir a paz de espírito, a clareza e a felicidade que procura. Se você usar essas perguntas regularmente, vai conseguir entrar em contato com sua intuição e tomar a decisão certa para você.

HEART LOCK-IN

O terceiro método do kit de ferramentas emocionais é extremamente eficaz para entrar em contato com seus sentimentos de amor, apreço e gratidão. Uma vez libertadas sua frustração, raiva, decepção ou qualquer outra emoção que estiver impedindo uma conversa realmente amável, aberta e bem-sucedida com seu amado, recomendo que você faça um *Heart Lock-in*. Essa é uma técnica que aprendi do Instituto HeartMath e que permite que você se reconecte às suas emoções positivas.

O coração é um músculo que bombeia pelos nossos corpos o sangue e o oxigênio vitais. Já sabemos que exercícios aeróbicos como correr, andar de bicicleta, escalar e exercitar-se em uma academia são maneiras comprovadas de melhorar nossa saúde em longo prazo e fortalecer nossos corações. Da mesma maneira, um *Heart Lock-in* melhora a força emocional e espiritual de seu coração sem que você precise suar para usufruir dos benefícios!

Durante os últimos trinta e cinco anos, os visionários do Instituto HeartMath, em Boulder Creek, Califórnia, têm estudado o coração. Sua pesquisa fornece provas convincentes de que o coração tem uma inteligência própria, assim como grande influência sobre como os diversos sistemas do corpo se coordenam. Os cientistas do HeartMath descobriram que, quando focamos a região do coração ao relembrar e reexperimentar sensações como amor, apreço ou gratidão, os resultados positivos podem ser vistos e medidos imediatamente no ritmo de nosso coração, ou na chamada variação da frequência cardíaca. Essas emoções fazem com que o ritmo de nosso coração fique estável e ordenado. Eles chamam isso de "coerência cardíaca", um estado altamente desejável, que melhora nosso bem-estar emocional, físico e espiritual.

Usar as técnicas do HeartMath é uma maneira de sentir mais amor por você mesma e por sua alma gêmea. Assim como os músculos de seu bíceps respondem quando você levanta peso regularmente, passar um tempo todos os dias focada na experiência do amor, do apreço ou da gratidão constrói uma reserva de tais sentimentos positivos, o que significa mais amor, alegria e harmonia em seus relacionamentos.

A técnica *Heart Lock-in* leva cerca de cinco minutos. Certifique-se de que está num espaço quieto e confortável. Para mim, fechar os olhos e respirar lentamente e um pouco mais profundamente que o normal ajuda. Ao chegar ao terceiro passo, envio sentimentos de amor para mim e para Brian.

Passos do *Heart Lock-In*:

Passo 1: Foque sua atenção na região do coração. Imagine sua respiração fluindo para dentro e para fora de seu coração ou tórax. Respire um pouco mais lenta e profundamente que o habitual.

Passo 2: Ative e mantenha uma sensação confortadora, tal como apreço, carinho ou compaixão.

Passo 3: Irradie essa sensação para você e para os outros.

Com a prática, um *Heart Lock-In* pode fornecer regeneração e resiliência física, mental e espiritual. Da próxima vez em que se encontrar temendo alguma coisa, pode fazer um *Heart Lock-in* facilmente para gerenciar suas emoções quanto à questão e ao mesmo tempo trabalhá-las.

Para uma experiência desta técnica, visite www.matetosoulmate.com/audio para um curto processo acerca de como libertar irritações com seu parceiro e sentir seu coração centrado novamente.

SEIS

De irritada a feliz

*O amor não é encontrar alguém com quem viver;
e, sim, encontrar alguém que você não consegue viver sem.*

Rafael Ortiz

Somos criaturas de hábitos. Conforme crescemos, aprendemos de nossos pais o jeito "certo" e o jeito "errado" de fazer as coisas. Depois, nos casamos e descobrimos que nosso parceiro tem um jeito completamente diferente de fazer as coisas, e é aí que o problema começa. Levamos nossas suposições, fantasias e memórias para um casamento com nosso radar do "jeito certo" e "jeito errado" ligado em alerta máximo. Um de nós acredita que uma toalha pode ser reutilizada durante cinco dias; o outro insiste em usar uma toalha limpa depois de cada chuveirada. Um de nós acredita que a bancada da cozinha serve como lar de todos os utensílios domésticos do mundo, enquanto o outro acha que as bancadas devem estar o mais limpas e vazias possível. E não vamos nem começar a falar sobre a posição em que o papel higiênico "dever" ficar.

A coisa mais louca é que a maioria de nós jamais percebe que temos a habilidade de *questionar* nossas crenças e hábitos. Como seres humanos, temos uma magnífica capacidade conhecida como *escolha*. Podemos, a qualquer momento, decidir fazer novas escolhas em relação a nossas crenças, hábitos e maneiras de fazer as coisas. Mas, em vez de exercitarmos essa escolha, muitos de nós culpamos nossos parceiros e rapidamente recorremos a julgamentos, críticas ou ressentimentos.

Existe uma solução fácil para esse dilema. É algo que chamo de Amor Wabi Sabi. Wabi Sabi é uma antiga estética japonesa que honra tudo que é velho, gasto, usado, imperfeito e transitório. Wabi Sabi busca a beleza na imperfeição. Por exemplo, se você tem um grande vaso com uma rachadura enorme bem no meio, um museu de arte japonês colocaria aquele vaso num pedestal e direcionaria a luz para a rachadura. Talvez até enchesse a rachadura com ouro 24 quilates!

O Amor Wabi Sabi busca alcançar mudanças inovadoras na percepção para que você possa aceitar e encontrar a beleza e a perfeição apesar das, ou talvez até mesmo por causa das, imperfeições do outro. Chamo isso de "passar de irritada a feliz"!

Dizem que a necessidade é a mãe da invenção, e foi exatamente disso que precisei quando me encontrei, como noiva de primeira viagem aos 44 anos, sem habilidades de companheirismo. Eu já havia me familiarizado com os conceitos de Wabi Sabi, mas foi só quando me casei que pensei em expandir aquele conceito e aplicá-lo para fazer um relacionamento funcionar. Depois de cuidar de meu próprio negócio durante muitos anos, eu sabia ser a *chefe*, mas não fazia ideia de como ser uma boa *parceira*.

Brian e eu usamos apelidos quanto começamos a ficar irritados um com o outro. Já tivemos muito momentos acalorados em que essa estratégia funcionou extremamente bem. Depois de ele me chamar de Sheila ou de eu chamá-lo de Wayne, geralmente olhamos um para o outro e rimos, porque reconhecemos que ambos aprendemos comportamentos que nos tiram do sério.

Brian e eu concordamos que o papel higiênico sempre deve ser desenrolado por cima, mas quando se trata da pasta de dente, ficamos em lados opostos. Eu tenho certeza de que a maneira apropriada e correta de manipular a pasta de dente é sempre a apertando de baixo e enrolando a parte vazia para cima, ordenada e precisamente. Já minha incrível alma gêmea faz do jeito "errado". Ele é daqueles que aperta no meio. Durante nossos primeiros anos juntos, eu perguntava frequentemente a ele, o mais docemente possível: "Querido, você poderia, por favor, apertar a pasta pelo fundo... do jeito certo?"

Ele me olhava como se eu estivesse totalmente louca, balançava a cabeça ou ria, e saía andando. Tornou-se claro que Brian não tinha a menor intenção de mudar sua maneira de apertar a pasta de dente. Toda vez que eu entrava no banheiro e via meu pobre tubo de pasta amassado pela metade na bancada, eu ficava com um nó no estômago e pensava: *Por que ele não pode simplesmente fazer do jeito certo?*

Muitas vezes achei que a solução era comprar dois tubos de pasta de dente, mas então percebi que só olhar o tubo bagunçado dele já me incomodava. Eu sabia que era uma coisa boba para incomodar tanto, e ainda assim, uma vez por dia, eu era confrontada com minha irritação com sua pasta de dente mutilada.

Um dia, resolvi encontrar a solução Wabi Sabi para meu dilema. Coloquei o tubo de pasta na palma da minha mão e perguntei a mim mesma: "O que há de bom nisso?" O tubo ficou me olhando de volta sem oferecer uma resposta.

Então rezei a Deus para que me mostrasse o que havia de bom naquilo. E, subitamente, tive minha resposta: "Graças a Deus me casei com um homem que escova os dentes!"

Num insight inspirado por Wabi Sabi encontrei a resposta. Agora, toda vez que vejo a pasta de dente deformada na bancada do banheiro, sorrio, sabendo que vou envelhecer ao lado de um homem que talvez mantenha seus próprios dentes porque cuida diligentemente deles.

Outro momento em que tive que usar um pouco de Amor Wabi Sabi foi envolvendo os hábitos televisivos de Brian. Minha incrível alma gêmea é viciada em noticiários políticos. Ele simplesmente ama estar altamente informado sobre o que está acontecendo no mundo. O lado bom disso para mim é que ele é meu editor "particular" de notícias; no final do dia ele compartilha comigo os acontecimentos mundiais mais importantes. Essa qualidade, entretanto, não é suficiente para compensar um grande problema: Brian gosta de colocar o som da TV nas alturas. Estamos falando de um volume muito, muito alto.

Tenho aversão a qualquer coisa muito alta.

Ele também tem o hábito de ligar a TV em todos os cômodos em que entra. Um dia cheguei em casa e todas as quatro televisões estavam ligadas. E, do jeito que ele gosta, o volume estava no máximo em todas elas. O mais incrível é que Brian sequer estava em casa! Naquele dia percebi que precisava encontrar a solução no Amor Wabi Sabi para este dilema ou então certamente enlouqueceria.

Como já mencionei, Brian não estava em casa, então andei pela casa, apanhando cada controle remoto e desligando todas as TVs. Quando peguei o quarto e último controle remoto, uma ficha caiu na minha cabeça. A solução tornou-se cristalina.

Eu nunca conseguiria mudar a tendência de Brian de aumentar o som da TV, mas eu podia assumir total responsabilidade por desligar todas as TVs que não estivessem sendo assistidas. Agora, toda vez que Brian e eu estamos assistindo TV juntos e ele sai do cômodo, eu posso (e faço) diminuir o volume. Na maior parte das vezes ele nem percebe!

Quando essas "coisas pequenas" se acumulam num casamento, elas podem acabar fortalecendo aquela "grande coisa" que destruirá a parceria. Imagine só quantas possibilidades se abrirão em seu relacionamento quando você aprender a aceitar, compreender e até encontrar a parte boa nas imperfeições de seu parceiro. Aprendendo a viver o Amor Wabi Sabi, você criará um relacionamento sincero, amoroso, duradouro, comprometido e cheio de alegrias iluminando vocês como casal, sabendo que vocês são melhores juntos do que separados e que sua ligação será mais forte, mais profunda e mais significativa para sempre como resultado de adotar essa prática.

A disposição para aceitar até as mais estranhas idiossincrasias pode estabelecer relacionamentos baseados em amor incondicional. Quem se importa se o chão da sua cozinha é um pouquinho prejudicado no processo?

Lições de amor do chão da cozinha

Mesmo que Diane amasse Jerry de verdade, ela era confrontada diariamente com uma coisa dele que ela achava muito difícil de aceitar: sua paixão por *bagels* com sementes de papoula. Desde a infância, Jerry tem esse caso de amor com este lanche em particular, e a verdade é que ele entusiasmadamente devora um desses quase todos os dias. Jerry fatia e torra seu *bagel* só para em seguida levá-lo para seu *home office* e deliciar-se.

Mas como o João do conto de fadas, ele sempre deixa uma trilha de sementes de papoula que pontilha o chão branco da cozinha, passando pelo meio da casa até chegar a seu escritório. Jerry sabe que é meio bagunceiro. Apesar de muitas vezes fazer um esforço para catar as sementes, suas habilidades de limpeza de alguma maneira nunca resultam no chão imaculado que Diane deseja.

Um dia, Diane estava sentindo-se particularmente mal-humorada. Quando ela entrou na cozinha, olhou para o chão e se viu mais uma vez patinando sobre um mar de sementes de papoula: seu mau humor aumentou cem por cento. Como havia feito mais de mil vezes antes, Diane umedeceu uma toalha e ficou de joelhos para começar a limpar os montinhos de sementes.

"Ao menos uma vez eu gostaria de entrar na cozinha e não encontrar essas sementes", pensou ela, bufando enquanto limpava vigorosamente o chão até ficar satisfeita. Ainda de joelhos, ela teve um pensamento em meio à sua própria frustração: "Imagina se o chão nunca mais tivesse sementes de papoula?"

Como se atingida por um raio, Diane subitamente se deu conta de que *aquilo também significaria não ter mais Jerry!*

Seus olhos ficaram cheios d'água e ela se levantou. Ela olhou para as sementes restantes que ainda estavam deixando seu chão sujo. Em vez de parecerem grãos de areia cinzenta, elas de repente lhe pareceram incríveis — como pequenos diamantes negros representando tudo em sua vida que lhe era precioso e sagrado. Ela correu para o escritório de Jerry, o abraçou e o beijou em meio a lágrimas de alegria. Ele a olhou intrigado enquanto enfiava o último pedaço de *bagel* com sementes de papoula na boca, espalhando as sementes que tinham caído em sua camisa no chão.

Hoje em dia, ela descreve assim: "Não importa quantas sementes eu varra, sinto-me muito em paz. Toda vez que vejo aquelas sementes de papoula, elas me enchem de amor e gratidão. Às vezes até deliberadamente as deixo para trás, junto com meu comportamento compulsivo, enquanto sorrio, dou meia volta, e saio."

A bela mudança de percepção Wabi Sabi de Diane a fez ver aquelas sementes de papoula como uma prova de que ela tem mais um dia com Jerry. Talvez o autor e filósofo Sam Keen tenha explicado isso melhor quando disse: "Chegamos ao amor não encontrando a pessoa perfeita, e sim aprendendo a ver uma pessoa imperfeita perfeitamente."

DE IRRITADA A FELIZ

Relacionamentos exigem que nos estendamos de maneiras inimagináveis. Acontece a todos, até mesmo com o presidente dos Estados Unidos da América. Não importa quais sejam suas posições políticas, a história de Barack e Michelle Obama é mais um grande exemplo de como duas pessoas trabalharam suas diferenças ao aceitarem suas responsabilidades individuais para irem de profundamente irritados a verdadeiramente exultantes.

RESPONSABILIDADE PESSOAL

Há mais de uma década, o casamento de Barack e Michelle Obama estava prestes a desmoronar. Barack disse à sua avó que as reclamações incessantes de Michelle o estavam enlouquecendo.

Michelle disse à sua mãe que não tinha certeza de que o casamento fosse sobreviver. Os dois estavam afundados em dívidas por causa dos empréstimos feitos para pagar suas faculdades. Michelle era quem ganhava mais com seu emprego corporativo de destaque. Com duas meninas para cuidar, ela se sentia gorda, pouco notada e pouco ouvida. Com as viagens constantes de Barack, eles mal tinham tempo em família. Para piorar, ela estava cansada de limpar a bagunça dele.

Um dia, Michelle acordou às cinco horas da manhã. Barack estava roncando ao seu lado. Tudo em que ela conseguia pensar era em sair da cama e ir à academia. Ela não ia há meses! Parte sua resistia a sair, e sua mente começou a inventar motivos para não ir. As meninas estavam prestes a acordar e precisariam comer. Mas uma outra e mais forte parte sua pensou: "Barack é um cara esperto. Ele vai descobrir como preparar o café da manhã delas." Então ela saiu da cama e foi.

Na academia, ela subiu na máquina de step e imediatamente teve uma epifania. Michelle percebeu que estava esperando que Barack a fizesse feliz. Mas, conforme as gotas de suor começaram a se acumular em sua testa, ela percebeu que cabia a ela fazer a si mesma feliz. Ninguém poderia fazer isso por ela.

Quando chegou em casa, ela encontrou Barack e as meninas na mesa da cozinha, onde ela anunciou as novas regras da família Obama. Primeira: ela finalmente iria aceitar a oferta de sua mãe de ajudar a cuidar das crianças. Segunda: todas as noites em que Barack estivesse em casa, a família inteira jantaria junta às seis e meia. Terceira: domingos seriam dias em família, sem exceções. E finalmente, seria incluída no calendário uma noite por semana para os dois saírem juntos.

Hoje em dia, como sabemos, os Obama têm um relacionamento fabuloso, e a família toda e a mãe de Michelle são felizes na Casa Branca. Recentemente, os dois comemoraram um grande marco em seu relacionamento: seu aniversário de vinte anos de casamento.

Ao assumir uma responsabilidade pessoal por sua própria felicidade e abrir espaço para seu parceiro ser quem e o que ele é, o resultado pode ser, e muitas vezes é, mágico. As atitudes de culpar e envergonhar ficam sem espaço para crescer quando responsabilidades pessoais estão presentes.

Veja logo a vida em cor-de-rosa!

Por mais que eu nunca fosse sugerir que devêssemos entrar num processo de negação quando nosso parceiro está sendo difícil, existem pesquisas que provam que existem grandes benefícios em se ver a vida em cor-de-rosa ao olhar para seu parceiro.

A dra. Sandra Murray, psicóloga da Universidade de Buffalo, estudou esse fenômeno extensivamente e revelou que "usar suas lentes cor-de-rosa" e idealizar seu parceiro, na verdade, traz mais felicidade e satisfação para os relacionamentos[1]. Na verdade, os casais mais felizes focam o que há de bom, e não o que há de errado. Isso também é conhecido como Efeito Pigmaleão, o fenômeno no qual quanto maior a expectativa colocada na pessoa, melhor ela se sai. É uma forma de profecia autorrealizável. Como adultos maduros, podemos escolher o que pensamos e no que acreditamos, então por que não focar o melhor, ter realmente boas intenções e esperar o melhor de nós mesmos e de nossos parceiros?

Eis os fatos tristes, porém reais, sobre casamentos hoje em dia: cinquenta por cento dos primeiros casamentos, 67% dos segundos e 73% dos terceiros terminam em divórcio[1]. A sociedade moderna nos condicionou a procurar e ver a perfeição, o que leva a um constante estado de frustração e insatisfação. Na verdade, todos sabemos que perfeição não existe, mas ao mudar nossa história e praticar um pouco de Amor Wabi Sabi, podemos prezar as imperfeições de nossos companheiros e de nós mesmas e podemos realmente experimentar um estado de graça mais natural do que achávamos ser possível.

Amor Wabi Sabi e sexo

Existem agora diversas pesquisas que provam que o prazer não apenas reduz o stress, como também melhora nossa saúde, bem-estar geral e longevidade. Isso provavelmente não é surpresa alguma, mas quando foi a última vez que você conscientemente acrescentou mesmo os mais simples prazeres à sua rotina?

A abordagem Wabi Sabi ao prazer não requer muito esforço; na verdade, ela consiste de pequenas e simples ações. Comece fazendo uma lista das coisas que dão prazer a cada um de seus sentidos, e então prometa a si mesma tirar pelo menos uma pausa para o prazer a cada dia.

Aqui estão algumas das maneiras com que eu tiro pausas para o prazer:

Amo o cheiro de velas perfumadas, assim como a dança quente e suave de uma chama, então me aninho na minha poltrona preferida, acendo uma vela e desfruto disso durante alguns minutos acompanhada dos meus chocolates com pimenta.

Se tenho um dia particularmente estressante, tomo um banho quente demorado com meus óleos terapêuticos, cercada de velas e uma música suave.

Se quero aumentar minha energia, coloco um CD agitado com algumas das minhas músicas favoritas, aumento o volume e danço como louca.

Na verdade, é bastante simples. Durante a próxima semana comprometa-se a tirar dez minutos por dia para uma pausa para o prazer só sua, mesmo que isso signifique simplesmente preparar uma xícara do seu chá favorito ou cheirar algumas rosas.

Agora, se for casada ou estiver num relacionamento duradouro, pode se surpreender ao descobrir que seus avós faziam mais sexo do que você. Nossos avós não tinham mais de quinhentos canais de televisão, Facebook, Twitter e a internet para distraí-los. É bem provável que tivessem muito mais tempo para fazer sexo! Vivemos em um mundo de criaturas ocupadas, sobrecarregadas, estressadas, privadas de sono: basicamente, cansadas.

Para muitos casais, a vida parece simplesmente se meter no caminho da busca por prazeres sexuais. Frustrações e insatisfações não são sentimentos favoráveis para uma vida sexual excitante. Para trazermos mais sexo, alegria e harmonia às nossas vidas, é hora de adotarmos Wabi Sabi no quarto também.

E se você marcasse uma data com seu companheiro para um pouco de sexo Wabi Sabi? Aplicar Wabi Sabi à sua vida sexual significa que não importa que vocês estejam muito cansados e estressados ou não tenham muito tempo. Vocês simplesmente fazem assim mesmo, ainda que nenhum dos dois pareça querer muito.

Segundo a guru de relacionamentos Alison Armstrong, só porque você não está no clima ou está se sentindo distante ou desconectada de seu parceiro não significa que não possa fazer um esforço para se reconectar e reacender as forças vitais e revigorantes do sexo. É como andar de bicicleta — você só precisa aprender uma vez e então nunca mais esquece.

Aqui vão algumas maneiras de melhorar sua experiência sexual:

- Seja criativa.
- Encontre um horário novo, um lugar novo ou uma maneira nova de iniciar contato.
- Mesmo que se sinta boba, desajeitada ou estranha, vá fundo.
- Lembre-se de que isso é sexo Wabi Sabi — não precisa ser perfeito.

E, não importa como seja o sexo, seja ele chato e rotineiro ou uma experiência de puro êxtase, escolha ver a beleza e a perfeição nele. Saiba que será incrível, porque você fez o esforço para dar a você e a seu parceiro um pouco de atenção, afeto e prazer.

Quando nos permitimos experimentar o prazer, ficamos relaxados e fica um bilhão de vezes mais fácil acessar nossas emoções positivas. Ao reservar algum tempo para acrescentar prazer à sua vida, você ficará mais calma, feliz e mais receptiva para desfrutar e receber amor em todos os níveis.

Com o Amor Wabi Sabi você aprende a aceitar os defeitos, imperfeições e limitações — assim como qualidades e bênçãos — que constroem sua história a dois. A aceitação e sua companheira, a compreensão, são cruciais para se atingir harmonia no relacionamento. É o amor sagrado, a forma mais elevada do amor. Como a maioria das coisas em nossas vidas que valem a pena o esforço, isso requer paciência, comprometimento, responsabilidade pessoal e prática. Imagine como você vai se sentir bem quando perceber que seu parceiro a ama por completo, o tempo todo — a parte boa, a ruim, e todas as suas variantes!

Temos muito mais influência em nossa situação pessoal do que pensamos. Seja lá quais histórias escolhemos contar, são elas que serão decisivas para o tipo de relacionamento que teremos com nosso companheiro. Se o enxergarmos através de uma lente favorável, ele ou ela tenderá a fazer jus àquela verdade. O mesmo acontece se enxergarmos nosso parceiro de forma negativa. Gradualmente, ele ou ela vai incorporar exatamente os atributos negativos que enfatizamos. Como dizem, o que defendemos é o que persiste. Focar a negatividade destaca o que não está funcionando. Nossa atenção se volta para todas as coisas erradas, o que reforça o impacto delas. Uma mudança de foco para o que está funcionando vai criar mais confiança, alegria e harmonia. De qualquer forma, o que pensamos e como agimos quanto a esses pensamentos é o que molda toda a nossa realidade.

SETE

O poder mágico do três

*O amor divino não tem condições, não tem fronteiras,
não muda. O fluxo do coração humano segue eternamente
com o toque transformador do amor puro.*

Sri Yukteswar

Quer você acredite num poder superior ou não, o fato é que vocês dois não vão conseguir sozinhos. Convidar uma terceira parte para seu casamento na forma do Espírito vai ajudá-los quando sua casa estiver dividida. É sempre bom ter um mediador como guia, especialmente naqueles momentos em que parece que ambos chegaram a um impasse. A verdade é que um relacionamento forte brota da tríade mágica do amor: você, seu companheiro e Deus/Espírito/Universo.

O dr. Brian Weiss, maior autoridade da América em regressão a vidas passadas, diz: "Se observar com atenção, verá que todas as grandes religiões estão ensinando as mesmas coisas: amor, compaixão, caridade, não violência e consciência." Concordo com o dr. Weiss. Mesmo tendo sido criada como judia, ao longo dos anos estudei e participei de muitas tradições espirituais diferentes. Hoje em dia refiro a mim mesma como uma "vira-lata espiritual". Acredito que exista uma força invisível para o bem que está universalmente disponível para todos, e que pode ser convidada para dentro de nossas vidas pelo poder da oração e da consciência.

Quando rezo, não é "Querido Deus, por favor me dê X, Y e Z." É uma oração de gratidão, agradecendo a Deus por "já ter realizado meu desejo". Por exemplo, se estou chateada ou brigo com alguém, minha oração seria: "Querido Deus, obrigada por me mostrar a maneira de sanar minhas questões com Fulano ou Fulana. Estou grata por esse problema já ter sido fácil e tranquilamente solucionado pelo bem maior de todas as partes envolvidas. E que assim seja."

Ter algum tipo de relacionamento com um Poder Superior pode ser especialmente útil quando você estiver se sentindo perdida, fora de controle ou desamparada. Como diz a tradição cristã, sempre que duas pessoas ou mais estão reunidas, Deus está presente. Do meu ponto de vista, você pode trazer este poder para sua vida ao expressar sua gratidão todos os dias. Mesmo que seu parceiro não pense como você, gratidão e amor são energias universais com incríveis propriedades curativas. Trazer espiritualidade para seu relacionamento pode ajudá-la a sobreviver melhor até mesmo às piores tempestades.

CONVIDANDO DEUS PARA SUA VIDA AMOROSA

Um dos livros mais importantes e transformadores que já li foi *Conversando com Deus*, de Neale Donald Walsch. Quando o li, há mais de vinte anos, fiquei tão movida pelo seu conteúdo poderoso e transformador que peguei o telefone, liguei para a telefonista, consegui o número de Neale, e liguei para ele!

Quando Neale atendeu, o agradeci profusamente por ter escrito o livro. Conversamos durante um bom tempo e ele me perguntou o que eu fazia. Expliquei que eu era relações públicas, e ele respondeu: "Devíamos trabalhar juntos." Aquele foi o começo de uma amizade que já dura décadas.

Numa entrevista em 2013 para a série *The Art of Love Relationship* (A arte do relacionamento amoroso), perguntei a ele como estar em um relacionamento amoroso nos ajuda. Eis o que ele disse:

> Isso cria uma zona na qual podemos entrar e crescer para ser e experimentar, para declarar e expressar a maior ideia que jamais tivemos sobre quem somos. Um relacionamento nos oferece oportunidades a todo instante de entrar nessa zona, mesmo quando as pessoas que amamos se tornam difíceis. É exatamente esse desafio que os relacionamentos nos apresentam que é nosso maior convite de Deus. Deus está nos fazendo, especialmente na nossa vida amorosa, uma única pergunta: "Qual das minhas qualidades você escolhe demonstrar agora?"

Uau. Aquilo me fez refletir. A cada momento, como posso ser para meu amado? Como posso ser minha melhor versão na vida e no amor? Passar aquele tempo com Neale me causou uma mudança interna. Senti meu coração se abrindo e expandindo até o ponto de realmente querer ser uma versão melhor de mim mesma em todos os níveis.

Uma das maneiras pelas quais me tornei "uma versão melhor de mim mesma" se revelou recentemente. Minha amiga Carol Allen, famosa por *Love is in the Stars* (O amor está nas estrelas), me apresentou a um novo especialista em "amor" e tivemos longas conversas pelo telefone sobre o livro e os produtos que ele criara para ajudar as pessoas a alcançarem mais intimidade em seus relacionamentos. Depois de nossa conversa, esse homem me enviou um e-mail que começava com "Me sinto tão amado por você!" Uau. Aquilo fez com que eu ganhasse meu dia.

Durante anos observei Brian interagir com todo mundo que ele encontra com uma atitude de amor, carinho, consideração e paciência. Secretamente, sempre desejei ser mais como ele. Apesar de terem sido necessários muitos anos para que eu evoluísse até ser uma pessoa que interage de forma mais amável com estranhos, agora eu tinha a confirmação de que essa "Arielle mais amável" havia emergido.

Não podemos sempre ser a melhor versão de nós mesmos. É difícil manter esse nível de consciência o tempo todo, mas ter uma intenção clara é o primeiro passo. Também acho que é útil ter nossa própria definição do que é o Divino para nós. Quer você chame essa divindade de Deus, Deusa, Universo, Força, Eu Superior, ou o que seja, se esforçar para nos elevarmos e àqueles à nossa volta só pode trazer ainda mais o bem para nossas vidas e para o mundo.

Quando o respeitado mestre espiritual Panache Desai foi entrevistado por Oprah em seu show *Super Soul Sunday*, ela pediu para que ele definisse Deus. Panache ficou em silêncio por um longo tempo e finalmente respondeu:

Não existe uma definição para Deus. Qualquer palavra que eu usasse para responder a essa pergunta diminuiria o que é Deus.

Deus não é definível, mas se eu tentasse descrever o que é Deus, seria algo assim: Deus é amor, uma força, e uma vibração de tudo que é sagrado, bom e divino. No meu ponto de vista,

Deus existe como um oceano de amor e misericórdia. Somos todos parte de Deus. Juntos, estamos misturados ao Universo para sermos uma experiência de Deus.

Como somos programados para o amor, nosso desejo e vontade de amar serve como um canal para nos sentirmos mais próximos de Deus. O desejo por um amado mortal é uma manifestação física de nossa às vezes esquecida conexão com o divino. As criaturas duplicadas que descrevi no capítulo um representam nossa união como uma expressão da divindade encarnada.

Expressar nosso amor pelo outro é uma maneira excelente de se ter uma experiência de Deus, é o motivo pelo qual faz sentido conscientemente escolher convidar Deus para nosso relacionamento. Esse convite nos ajuda a ir além de nosso comportamento mortal para atingir uma consciência mais elevada e espiritual de nossa união. Ao convidar e receber Deus em seu relacionamento, você constrói uma rede de segurança, uma rede que pode agarrá-la quando você se "esquece" da inocência de seu parceiro ou da sua própria. O Divino oferece uma rede de segurança onde cair quando a natureza humana de seu parceiro a levar ao limite e quando você estiver prestes a desistir.

Neale Donald Walsch acredita que ao convidar Deus para nosso relacionamento ele se expande, melhora e aumenta a experiência da relação ao trazer a energia divina, ou energia de Deus:

> Não há um lugar ao qual você possa ir e nada que possa fazer que Deus já não seja parte. Quando nos imaginarmos como um ser espiritual, com uma alma e viajando com um corpo e mente através do tempo e do espaço, através da eternidade, e vemos nosso parceiro romântico como a mesma coisa, vamos mudar dramaticamente a natureza de nossa relação e a maneira que interagimos.

Quando perguntei a minha querida amiga, a sábia e maravilhosa Sadhvi Bhagawati Saraswati, mestre espiritual em Rishikesh, na

Índia, como convidar Deus a um relacionamento, ela explicou da seguinte maneira:

> Deus já está lá. Essa maneira pela qual nos conectamos profundamente com o interior de outra pessoa, essa sensação profunda de Alma/Espírito, é Deus. Pense nisso, Arielle. Cada célula de seu ser já mudou desde que se casou com Brian — assim como cada célula dele — então quem está amando quem? Onde está a Arielle que amava Brian quando você se casou? Aquilo que é imutável, eterno, não físico, é Deus. Portanto não se trata da situação de Elias, na qual temos que nos lembrar de deixar sua taça do lado de fora e manter a porta aberta. Trata-se de que, quando interagimos um com o outro, precisamos realmente entender que não é só uma questão deste e daquele corpo; desta e daquela história; deste grupo de neuroses e daquele grupo de neuroses. Esse amor verdadeiro se trata de unir o eu ao Eu, que é com Deus. O relacionamento é apenas um meio. Apenas conecte. Então se você realmente está se derretendo em AMOR, não apenas a onda fisiológica de oxitocina e endorfinas, mas o verdadeiro AMOR, pode ter certeza de que não é apenas você e ele, e sim você, ele, o Deus dentro de você, o Deus dentro dele, e o infinito e ilimitado Deus por toda parte.

A mestre espiritual, autora e palestrante Marianne Williamson explica assim:

> Quando olho outro ser humano e quero que ele cure toda a minha dor existencial e minha sensação de solidão no Universo, nada acontece. Isso é disfuncional, porque estou querendo que outro ser humano aja na minha vida da forma que apenas Deus o pode. Quando olho para outro ser humano como meu parceiro para encontrar Deus, meu parceiro na experiência de amor incondicional entre nós dois, e na profunda vulnerabilidade e autenticidade dentro de nós, e na total comunicação dentro de nós, isso significa que nós dois estamos mantendo espaço

para a presença de Deus em ambas as nossas vidas e em nosso relacionamento. Nesse relacionamento sagrado, nós dois acabamos revelando as feridas e cicatrizes de nossas infâncias, e, através desse processo, começamos a nos curar e a entender que o propósito desse relacionamento é a cura espiritual, emocional e psicológica1.

Em seu livro *Illuminata: Pensamentos, Preces, Ritos de Passagem*, Marianne oferece a seguinte prece para casais:

Querido Deus,
Por favor faça de nosso relacionamento uma grande e sagrada aventura.
Que nossa união seja um espaço sagrado.
Que nós dois encontremos descanso aqui, um refúgio para nossas almas.
Afaste de nós qualquer tentação de julgar um ao outro ou de mandar um no outro.
Entregamos a Ti nossos fardos e conflitos.
Sabemos que és nossa resposta e nossa rocha.
Nos ajude a não esquecer.
Una nossos corações, mentes e corpos.
Afaste de nós a tentação de criticar ou de ser cruel.
Que não sejamos tentados por fantasias ou projeções,
Mas nos guie para o caminho do sagrado.
Nos salve da escuridão.
Que esse relacionamento seja uma explosão de luz.
Que seja uma fonte de amor e sabedoria para nós, para nossa família, para nossa comunidade, para nosso mundo.
Que este laço seja um canal para Seu amor e cura, um veículo de Sua graça e poder.

> Conforme as lições chegam e os desafios crescem, não nos permita que sejamos tentados a abandonar um ao outro.
>
> Permita que sempre nos recordemos de que temos, um no outro, a mulher mais bela, e o homem mais belo,
>
> O mais forte,
>
> O sagrado em cujos braços somos reparados.
>
> Que permaneçamos jovens neste relacionamento.
>
> Nos traga o que deseja para nós,
>
> E nos mostre como quer que sejamos.
>
> Obrigada, querido Deus,
>
> Tu que és o cimento entre nós.
>
> Obrigada por este amor.
>
> Amém[1].

Minha amiga, a reverenda Cynthia James, ensina que a espiritualidade é um despertar, ou uma assim chamada lembrança. Como somos todos conectados ao Universo, ela diz que somos todos emanações de energia espiritual, divinos no núcleo de nosso ser. Quando somos nutridos por esse lugar em todas as nossas decisões, ganhamos imensa clareza, saúde e bem-estar.

Quando ela e seu marido, Carl Studna, se conheceram, estavam seguindo diferentes práticas espirituais, mas ainda assim compartilhavam do mesmo comprometimento com seu próprio crescimento. Mais importante ainda, ambos acreditavam que a melhor comunicação vem do coração. Hoje, eles compartilham duas práticas espirituais diárias. Toda manhã eles meditam juntos, e à noite, antes de se deitarem, manifestam apreço por si mesmos pelas realizações daquele dia que os deixaram orgulhosos. Finalmente, eles se revezam apreciando três coisas um do outro.

Cynthia sugere que, caso seu companheiro não seja espiritualizado, seja importante encontrar coisas que nutram sua própria alma e crescimento espiritual. Quer seja meditação, ioga, vivências guiadas ou aulas online, ela encoraja que você encontre comunidades, igrejas ou grupos para que se nutra e cresça espiritualmente.

Convidar Deus para seu relacionamento como o fator definidor em sua tríade pessoal do amor é convidar a cura e a possibilidade do amor incondicional. Mas e se você tem um parceiro que não compartilha de sua crença em Deus?

Quando Gabrielle Bernstein conheceu seu futuro marido, Zach, ele não compartilhava de todas as suas crenças. Como uma das novas líderes espirituais da América, Gabrielle levava a sério os benefícios de sua prática, mas não forçava nem exigia que ele se juntasse a ela. Em vez disso, todas as manhãs, Gabrielle fazia suas preces, lia passagens de livros como *Um Curso em Milagres*, e confiava que ela e Zach fossem encontrar uma maneira de construir uma vida juntos.

"Eu simplesmente vivo e sigo o que digo e convido o Espírito a fazer seu trabalho. E, como resultado de acompanhar minha prática, meu marido começou a se abrir mais para isso", explica Gabrielle. Juntos, eles também criaram um ritual muito especial. Toda manhã, antes de Zach sair para trabalhar, Gabrielle coloca suas mãos sobre ele numa benção silenciosa — pedindo aos anjos que mantenham os dois seguros, felizes e saudáveis. Rezar ativamente e abençoar sua alma gêmea é uma bela maneira de afirmar seu amor.

Existe uma tradição hindu no nordeste da Índia que oferece um ritual elaborado e belo para celebrar a santidade do casamento. Conhecido como festival de Karwa Chauth, ele acontece todo ano, no quarto dia depois da lua cheia, em outubro ou novembro. Mulheres casadas passam um dia inteiro rezando e jejuando para seus maridos como forma de demonstrar seu amor, devoção e respeito, assim como garantir a saúde, bem-estar e prosperidade de seus amados.

A preparação para o evento começa dias antes. Tradicionalmente, as mulheres se vestem como noivas e compram roupas novas e joias para estarem o mais belas possível. Como noivas, muitas também aplicam a tradicional hena em suas mãos e pés.

No dia do Karwa Chauth, elas se levantam antes do amanhecer e comem frutas ou frutas secas dadas por suas sogras. O jejum começa ao nascer do sol e dura até que elas vejam a lua no céu. Quando elas veem a lua, elas se juntam às outras mulheres para quebrar o jejum enquanto oferecem pratos de frutas e doces à lua.

Historicamente, esse ritual é para mulheres, que jejuam para seus maridos, mas hoje em dia cada vez mais indianos estão se juntando a suas esposas e jejuando, porque eles começaram a entender que precisam de suas esposas tanto quanto elas precisam deles.

O SALMÃO, O PESCADOR E O REI

Minha irmã Debbie amava seu rabino, Baruch Ezagui, especialmente por sua grande sabedoria e habilidade em contar histórias. Quando mencionei a ele que estava escrevendo este livro, ele me surpreendeu ao explicar que a tradição judaica não acredita em almas gêmeas. "O Torá", explicou ele, "sugere que sua alma gêmea é sua própria alma, não um parceiro. O Torá vê o gênero oposto como contrário a você para que encontre um novo jeito de definir sua existência... para levá-lo a um lugar em que nunca esteve antes." Então ele contou esta história:

Um pescador num lago no meio do nada. Ele sente um puxão em sua vara e vê um salmão magnífico. Enquanto ele puxa o salmão, ele sabe que esse peixe não apenas é o salmão mais belo que ele já viu, mas também que o rei ama salmão, e que se levá-lo até ele, se tornará um herói nacional. O pescador coloca o precioso salmão num balde de água e volta à costa.

Enquanto espera no balde, o salmão pensa consigo mesmo: "Pelo menos ainda estou vivo, talvez ainda haja esperança para mim."

Quando o pescador chega ao castelo, os guardas no portão dão uma olhada no salmão e concordam que o rei se encantaria em possuí-lo. O pescador então é levado para o salão do trono, onde todos se reúnem ao redor do balde e concordam que aquele é o mais incrível salmão de todos os tempos.

O rei olha dentro do balde e diz: "Isto vai além de meus maiores sonhos. Nunca vi um salmão assim em toda a minha vida."

O salmão, sabendo que foi elogiado pelo rei, pensa: "Vou viver como um príncipe! O rei vai cuidar de mim."

Então o rei proclama: "Este salmão é tão belo, vou comê-lo no jantar. Levem-no imediatamente ao cozinheiro para o jantar desta noite."

O salmão fica agora bastante deprimido depois de ouvir seu futuro iminente.

Quando o chefe começa a fatiar o salmão, o peixe lhe diz: "Meu amigo, o rei não ama salmões. Se ele amasse, eu ainda estaria nadando no oceano!"

O rabino Ezagui explica o significado dessa história:

O amor verdadeiro é amar a pessoa pelo que ela ama, pelo que ela é, e pelo que ela acredita. Se você entra num casamento amando o que *você* ama, não o que ela ama, isso não é amor. O amor verdadeiro não é encontrar alguém para segurar sua mão e em quem encontrar similaridades; a instituição do casamento é para tirá-lo de sua zona de conforto, para erguê-lo acima do que você *precisa*, para que possa prover *o que precisam de você*.

Segundo Ezagui, o casamento é o mais alto chamado da humanidade. "Isso inclui o casamento entre corpo e alma, céu e terra, espírito e matéria, um ser humano e outro. Esta união de seres é refletida no casamento entre homens e mulheres."

Um casamento serve para que encontremos aquilo de que verdadeiramente precisamos. Ele também preenche nossa necessidade de sermos úteis. Ezagui cita Rebbe Lubavitch, que disse: "Quando você aprende a amar alguém como ama a si mesmo, quando você chega a esse nível e pode real e autenticamente dizer que a outra pessoa é você (no nível da alma), esse é o propósito da vida." O mentor do rabino Ezagui, rabino Mendel Futerfas, diz que enquanto o homem trata sua mulher como uma rainha, ele será um rei, e esta é uma atitude que deve ser internalizada muito antes do casamento e mantida após a realidade da vida chegar. Pessoas com casamentos fortes consideram essa ideia inegociável.

O rabino Ezagui continua:

O próprio conceito da oração é a preparação para o casamento. Não é que fico com as mãos unidas pedindo por misericórdia ou pela bondade de Deus. No judaísmo, a oração é uma maneira de se conectar com uma oportunidade de colocar a si mesmo na mesma frequência que a benção. A resposta já está lá. É apenas "Querido Deus e ponto." É uma questão de reconhecer que tudo e cada momento é um reflexo da existência interior de Deus, um momento em que reconheço que não preciso de nada. Deus não precisa. Eu não preciso. O que é preciso é encontrar em minha alma *o que precisam de mim*.

Minha amiga Inga experimentou isto recentemente em sua vida. Ela é casada com Jack Canfield, autor e co-criador da série *best-seller Histórias para aquecer o coração*. Jack é facilmente um dos homens mais generosos que já conheci. Um verdadeiro doador, Jack trabalha incrivelmente duro escrevendo, ensinando, viajando, treinando e orientando. Da perspectiva de Inga, Jack é casado com milhares de pessoas ao redor do mundo. Na maioria das noites, quando ele chega em casa, ele já doou e doou para todas as pessoas em sua vida, e durante os últimos anos, Inga frequentemente pensou: "Não resta mais nada para ele me dar."

Recentemente, Inga e Jack passaram por um momento difícil em seu casamento, durante o qual ela sentia que era simplesmente o "posto de reabastecimento" de Jack. Inga realmente começou a se questionar se o casamento estava no fim, e aquela ideia a aterrorizava. Ela estava sobrecarregada com a vida atribulada dos dois e com o quanto ela exigia deles. Ela não podia e não sabia como ir em frente com ele. Na sua cabeça,

> A alma é seu ser mais íntimo, a sua presença além da forma. A consciência de que você é mais que a forma, é a alma. Isso é quem você é em sua essência.
>
> *Eckhart Tolle*

ela pensava "acabou", porque foi isso que aconteceu em seu lar durante sua infância.

Enquanto mergulhava em seu coração em busca de respostas, Inga se deu conta de que estava com medo de revelar a Jack seus sentimentos mais profundos por ele. Ela viu que não havia tomado uma atitude e lutado por seu amor, e que não havia assumido uma posição pelo casamento. Ela não havia admitido para si mesma, nem para ele, o quanto ela realmente *queria* que desse certo.

Juntando coragem, Inga finalmente acordou Jack no meio da noite para lhe dizer como o amava. Ela abriu seu coração e contou a ele o quanto queria passar o resto de sua vida com ele. A reação imediatamente amorosa e entusiasmada de Jack foi toda a afirmação da qual ela precisava para se lembrar do quanto ele realmente a ama.

Hoje, Inga transformou sua forma de pensar e agora diz: "Sou esposa de Jack, e o maior presente que posso dar a ele é escolher, todos os dias, abastecer seu tanque." Ao conscientemente escolher ser a "estação de reabastecimento" de Jack, ela não apenas o preenche, ajudando assim a preencher o mundo, como também preenche a si mesma de amor e alegria.

Existe um velho ditado que diz que quando um não quer, dois não brigam, mas como diz o rabino Ezagui: "A vida é para deixar as brigas e os quereres para trás e encontrar a simplicidade da verdade e incondicionalidade do que é, como é."

Existem três palavras que usadas juntas são muito poderosas: "Por que eu?" Segundo Ezagui, essa frase pode ou ser uma dúvida insolúvel, ou uma pergunta com uma possível resposta. Uma implica reação, a outra, ação. Se, em vez do reativo "por que eu?", você puder perguntar a si mesmo "por que (existe um) eu? Para que estou aqui?", a questão reativa vai desaparecer. Amar *o que é* demanda coragem, paciência e muita compreensão. Quando você alcança esse nível de graça, a batalha acaba.

A NATUREZA DE CENTRALIZAÇÃO DE DEUS

Trinta e cinco anos atrás, uma conspiração divina uniu duas pessoas profundamente espiritualizadas, ambas na época prontas para passarem suas vidas a sós, a não ser que encontrassem parceiros comprometidos com um relacionamento no qual Deus viesse em primeiro lugar. Na segunda semana de namoro, Jerry Jampolsky, autor do best-seller *Amar é Libertar-se do Medo*, e Diane Cirincione, psicóloga, descobriram sua paixão mútua em levar uma vida na qual Deus vem antes de qualquer outra coisa.

Como explica Jerry, "O único relacionamento de verdade é com Deus. Nenhum de nós sabia se algum dia encontraria um parceiro que pensasse desse jeito."

"E quando encontramos", completa Diane, "tornou-se o ponto crucial de nosso relacionamento. Ao convidar Deus para nosso relacionamento, convidamos, como parte de Deus, cada ser com quem tínhamos contato. Nosso desafio e nossa escolha é ver nosso Eu Supremo em todos."

Jerry acrescenta: "Significa que vivemos no presente, não no passado nem no futuro, sendo solidários, sabendo que nosso relacionamento com todos é uma *união*, não uma *separação*. Olhamos para as pessoas como se através dos olhos de Deus."

Diane conclui: "Outra forma de experimentar isso é agir e ser como se houvesse uma presença no ambiente... porque há. Não há um Deus que julga; há apenas amor."

Todos os dias, antes de começarem as ligações de trabalho e reuniões, Jerry e Diane rezam juntos, recitando uma prece que adaptaram da versão original de *Um Curso em Milagres*:

Estamos aqui apenas para realmente ajudar.
Estamos aqui para representar a Ti, que nos enviaste.
Não precisamos nos preocupar quanto ao que dizer ou fazer.
Porque Tu, que nos enviates, irás nos direcionar.
Estamos contentes em estar onde Tu desejas,
Sabendo que estarás sempre lá conosco
E seremos curados enquanto deixamos que nos ensines a curar,
Amém[1].

No final, eles acrescentam a seguinte frase à prece original:

Deixa-nos abrir espaço para deixarmos que Tu assumas a liderança.

A prece ajuda a manter você centrado em momentos de angústia ou desconforto também. Jerry também é conhecido por rezar em busca de orientação toda vez que dá uma rara ida ao shopping com Diane.

Comprar, rezar, amar

Como diversos homens que conheço, Jerry costumava odiar fazer compras, e, felizmente para ele, sua amada esposa Diane não vai às compras com muita frequência. No entanto, nas raras vezes em que ela vai ao shopping, ela gosta que Jerry vá junto. Desde o começo, Jerry ficava olhando constantemente seu relógio, tornando evidente que ele preferia não estar ali. Como resultado, Diane sentia-se pressionada a correr durante um passatempo que costumava ser prazeroso.

Uma tarde, enquanto Jerry ansiosamente contava os minutos, sentado no meio do departamento de vestidos, ele fechou os olhos e pediu ajuda a Deus para lidar com o que lhe parecia uma situação insuportável. Quase imediatamente, ele recebeu instruções muito claras e específicas: em vez de esperar impacientemente para que a excursão de compras terminasse, ele deveria pegar sua caneta e escrever um poema de amor para Diane. Jerry seguiu essa sugestão espiritual e, enquanto o fazia, foi tomado por uma grande sensação de paz. Não só ele estava se reconectando a seu amor por Diane, como também mudou o foco de suas próprias preferências para um estado de gratidão pela vida que os dois tinham juntos. Em vez de ficar entediado e ansioso, ele se envolveu e se sentiu animado ao descobrir uma maneira diferente de se relacionar com todo o processo de ir às compras juntos.

No meio dessa transformação, Diane se aproximou para mostrar a ele um vestido que queria comprar e encontrou Jerry sentado pacificamente com um sorriso no rosto. Confusa, mas determinada a comprar, ela voltou para experimentar mais roupas. Depois de um breve intervalo, ela voltou para olhá-lo novamente. Ele continuava calmo e tranquilo. Depois de fazer suas compras, Diane foi novamente atrás dele para ambos finalmente irem embora antes da experiência causar mais algum dano. Jerry pediu que Diane se sentasse e falou: "Gostaria de compartilhar uma coisa com você."

Jerry leu baixinho o belo poema de amor que escrevera para ela. Ela o agradeceu com os olhos cheios d'água e as barreiras em volta de seu coração foram baixadas, uma a uma. Os dois saíram da loja dando risadinhas e de mãos dadas numa bolha de amor que nenhuma felicidade por ir às compras poderia superar. Até hoje, sempre que vão a um shopping, Jerry lhe escreve poemas de amor.

Mas a história continua. O momento da "mensagem de Deus" de Jerry não ajudou apenas a ele e sua esposa; sua epifania ajudou um completo estranho também. Um dia, Diane estava numa loja de departamentos fazendo compras com sua mãe. Ela viu uma jovem olhando as araras com pressa enquanto um jovem sentado ali perto parecia estar inconsolável. Diane abordou o homem com um sorriso.

— É realmente horrível, não é? — perguntou ela suavemente.

— Sim — respondeu ele, abaixando a cabeça como se não quisesse admitir a tortura que aquilo estava sendo para ele. — Eu realmente odeio isso.

— Meu marido também costumava se sentir assim — continuou Diane. Ela analisou o rosto do jovem por um instante.

— Costumava? — perguntou ele, endireitando um pouco a postura.

Diane contou a história do quanto Jerry odiava fazer compras até Deus sugerir que ele usasse aquele tempo para escrever a ela delicados poemas de amor.

O jovem escutou atentamente sem dizer uma só palavra. Por um instante, ele ficou com uma expressão de incerteza no rosto. Quando Diane se afastou, esperando que não tivesse ultrapassado nenhum limite, o jovem levantou-se num pulo e chamou sua esposa, que estava na entrada do provador com o braço cheio de roupas: "Uhn, querida, tem uma caneta?"

OITO

Abandono selvagem: Seu cérebro apaixonado

Se você viver até os cem anos,
quero viver até os cem anos menos um dia,
para que nunca precise viver sem você.

Ursinho Pooh

ossos olhares se encontram de lados opostos da sala e de repente estamos sentindo um friozinho na barriga. Conhecemo-nos, nossas mãos se tocam, o ritual do acasalamento começa, e mal conseguimos pensar em outra coisa ou pessoa. Nosso cérebro e corrente sanguínea se enchem de um coquetel químico que inclui neurotrofina, um elemento de crescimento do nervo, e estamos oficialmente apaixonados. O centro do prazer de nosso cérebro fica ativado ao máximo de seis meses a dois anos, no que se chama de "fase de lua de mel", e então tudo lentamente desaparece.

As sensações do amor romântico são ao mesmo tempo prazerosas e fisicamente estressantes. Elas são uma onda química, frequentemente comparada às sensações que se tem depois que se cheira cocaína.

O processo de se apaixonar, também conhecido como limerência, é um passo necessário para um amor duradouro. Alguns o consideram a cola de curto prazo que inicialmente une casais, para que eles para que eles possam consolidar a relação a longo prazo. Tanto a limerência, quanto o amor ocorrem na parte do cérebro chamada de insula, que atribui valor e que é também a parte do cérebro afetada pelo vício. A diferença entre um amor saudável e um vício é bem clara. O amor saudável não é um vício, e sim um estado alegre e afirmador de vida. O vício vem junto com comportamentos obsessivos e negativos.

Quando você se apaixona, seu cérebro se descontrola[1]. Neurônios transmitem mensagens por zonas de contato chamadas de sinapses, que mandam as substâncias químicas que fazem você se sentir bem para o centro de recompensas do cérebro, chamado de núcleo caudado, e para a região vizinha, a área tegmental ventral. Seu cérebro está sob uma onda de dopamina quando você olha com amor para seu aparentemente infalível parceiro. Você bloqueia qualquer pensamento de irritação ou possíveis falhas da outra pessoa. Você na verdade é cegado por seu cérebro... e por seu coração.

Não é de admirar que nos sintamos loucos durante um período. A verdade é que o corpo não consegue sustentar tal tipo de atividade para sempre. Depois de cerca de dois anos, os neurotransmissores param de mandar mensagens para o núcleo de recompensas de nossos cérebros, e um novo tipo de amor se instala.

Naturalmente, um novo tipo de amor requer um tipo diferente de hormônio. É onde entra a oxitocina, também conhecida como hormônio do amor, ou "a cola natural do amor". Níveis altos de oxitocina estão relacionados ao sucesso de relacionamentos longos. Quanto mais oxitocina você tem, mais seu corpo produz, o que impacta de forma positiva seu relacionamento.

Pesquisas científicas provam que existe realmente uma relação entre o amor e a química cerebral. Baseada nesta informação, vou mostrar a você como dar o pontapé inicial de volta ao amor e a conexão.

Acenda seu amor através de mais pontos de prazer

Mesmo depois que seu cérebro se acalma após a onda inicial de se apaixonar, isso não significa que você não possa experimentar os prazeres que um amor mais duradouro tem a oferecer. Acredito firmemente que sempre existe espaço na vida para mais amor e mais prazer. Ativar ou criar sentimentos mais amáveis e prazerosos é uma coisa que podemos fazer seguindo alguns passos. Eis como:

Quando você quiser sentir mais amor, pode conscientemente fazer coisas que ativamente liberem o hormônio oxitocina em seu cérebro. A oxitocina é muito boa para você, e segundo o mestre em amor dr. John Gray, as mulheres precisam constantemente repor seus níveis de oxitocina. Tirar um tempo para uma manicure, cuidar dos cabelos, fazer uma massagem, tomar um demorado banho de espuma, ouvir música, dançar, caminhar na natureza, beber quietinha uma xícara de chá, e saborear um pedaço delicioso de torta de chocolate ou de sua guloseima favorita são algumas maneiras de acrescentar prazer ao seu cotidiano e que também *repõem oxitocina*.

O stress é um dos principais fatores que esgotam a oxitocina, então tomar passos simples para repô-la é necessário para manter um estilo de vida feliz e saudável. A oxitocina pode ser gerada de diversas maneiras, e quanto mais você tem, melhor vai se sentir. Não é surpreendente que ela também tenha um papel importante no orgasmo.

Ao abrir espaço para ter mais prazer na vida, você ficará mais calma, mais feliz e mais receptiva para aproveitar e atrair o amor em todos os níveis. É sabido que um simples abraço de vinte e dois segundos, um olhar nos olhos de alguém de quem você gosta ou um carinho em seu cachorro ou gato também são coisas que aumentam seu nível de oxitocina. Ir às compras também ajuda. Mesmo que você não compre nada, apenas olhar e tocar em coisas belas faz uma diferença.

Outras atividades que estimulam a oxitocina são:

- Ir a um show ao ar livre e se deixar envolver completamente pela música.
- Comer e saborear lentamente sua sobremesa favorita.
- Rir.
- Acender velas e tomar um longo banho de espuma.
- Dançar.
- Ter uma boa conversa com uma amiga.
- Fazer alguma coisa boba como brincar de mímica com um grupo de amigos.
- Dizer "eu te amo" a alguém.
- Cantar num karaokê.
- Assistir a um filme emocionante.

Existe uma tremenda quantidade de novas pesquisas que provam a importância do prazer em nossas vidas. Quando ficamos relaxados e nos deixamos aproveitar, é um bilhão de vezes mais fácil acessar e emitir nossas emoções positivas.

Outro benefício de níveis altos de oxitocina é que ela ajuda a controlar o peso. Pesquisadores observaram que ratos deficientes em oxitocina ou receptores de oxitocina tornavam-se obesos, mesmo comendo normalmente. Cientistas que deram infusões de oxitocina a ratos deficientes do hormônio viram seu peso voltar a níveis normais. Os ratos também mostraram uma redução na intolerância à glicose e resistência à insulina. Isso claramente sugere uma opção alternativa para aqueles na luta para manter o peso.

Minha "receita de prazer" pessoal inclui um banho diário com aromaterapia, uma caminhada matinal com meu marido, e um tempo sozinha com meu gato Yoda. Se tive um dia particularmente estressante, tenho um CD especial com minhas músicas agitadas favoritas que escuto com o som alto em meu escritório. Danço e canto sozinha até sentir as endorfinas correndo pelo meu sangue.

Se acrescentar prazer conscientemente à sua vida não for fácil para você, sugiro um pequeno experimento. Durante os próximos sete dias, escolha acrescentar de quinze a vinte minutos de prazer por dia *só para você*. Enquanto cria sua lista de afazeres, coloque-se no topo da lista. Lembre-se: aquilo que você se foca fica maior.

Como você pode ver, hormônios podem te ajudar a entrar no estado mental certo e abrir espaço no coração para mais felicidade. Ao aumentar seus níveis de oxitocina, você terá mais amor próprio e mais amor para compartilhar com sua alma gêmea, família e amigos.

Além do fato de que a oxitocina cria um ambiente favorável em seu cérebro para mais amor, quando você se apaixona, há um circuito cerebral que fica "ligado" para amar essa pessoa, mesmo se você passa por tempos difíceis com ela. Mesmo que seja apenas o stress do dia a dia com seu parceiro ou que vocês se separem, se mudem, e não vejam um ao outro durante décadas, é possível "religar" o amor. Este circuito cerebral é como um gato adormecido que pode ser acordado a qualquer momento.

Antes de irmos pesquisar "como acordar este gato adormecido", é útil entender um pouco mais a respeito de seu cérebro e do amor. Em seu livro *Por Que Amamos: A Natureza e a Química do Amor*

Romântico, a dra. Helen Fisher, antropóloga, especialista em amor, professora da Universidade Rutgers e a mais reconhecida acadêmica na comunidade de pesquisas sobre amor, diz: "Minha pesquisa provou a mim que em todos os lugares as pessoas se apaixonam. Passei a enxergar essa paixão como uma vontade humana fundamental. Assim como o desejo por comida e água e o instinto maternal, o amor é uma necessidade psicológica, uma vontade, um instinto de cortejar e conquistar um parceiro em particular."

Antropólogos encontraram evidências de amor romântico em 177 sociedades ao redor do mundo. É um fato quase universal que as pessoas vão cantar por amor, dançar por amor, sofrer por amor e, sim, até morrer por amor!

De suas décadas de pesquisa, Fisher acredita que a humanidade evoluiu três sistemas cerebrais centrais que são responsáveis por dirigir o amor, o acasalamento e a reprodução. Eles se manifestam como:

Luxúria: o desejo sexual ou a libido, incluindo o desejo por satisfação sexual (testosterona).

Amor romântico e atração: o estágio inicial do amor romântico intenso (dopamina).

Apego: intensas sensações de paz, segurança e união com um parceiro fixo (oxitocina).

O amor pode começar com qualquer um destes três sentimentos: luxúria, atração ou apego, afirma Fisher. Cada um dos três sistemas é desencadeado por elementos químicos evoluídos para servir uma função diferente. Juntos, eles possibilitam o acasalamento, a união entre um casal e as competências parentais:

1. Nosso desejo sexual nos encoraja a procurar uma gama de parceiros para que a espécie humana se propague.
2. Depois, o amor romântico, um refinamento da mera luxúria,

evoluiu para permitir direcionar o foco de nossa atenção a apenas um potencial companheiro. Caracterizado por sentimentos de euforia e pensamentos intrusivos e obsessivos sobre seu objeto de afeto, este estado mental pode compartilhar características neuroquímicas com a fase maníaca do transtorno bipolar. A dra. Fisher sugere que os padrões de comportamento dos apaixonados, como tentar provocar reações recíprocas um no outro, podem até lembrar o transtorno obsessivo-compulsivo. Toda aquela dopamina inundando seu sistema causa frio na barriga e aumenta a sensação de euforia.

3. Dado que o amor romântico não é suficientemente estável nem uma âncora segura para se criar uma criança em conjunto a longo prazo, o apego evoluiu para permitir que nos sintamos profundamente conectados a nosso parceiro por tempo suficiente para realizar isso. Esse estado, segundo Fisher, é caracterizado por sentimentos de calma, segurança, conforto social e união emocional. Anos mais tarde, quando pombinhos apaixonados se tornam menos obsessivos e mais unidos, as coisas passam a parecer menos excitantes, conforme a química cerebral começa a se normalizar. A redução na liberação de dopamina não significa que a ligação esteja morrendo, mas sim que um hormônio chamado hormônio liberador de corticotrofina é liberado, o que ajuda a manter casais juntos. Na verdade, quando você e seu amado são separados, esse hormônio é o culpado pelos dois sentirem saudades. Além disso, nos homens, a vasopressina aumenta. Em relacionamentos saudáveis, isso é o que nos faz ser leais e protetores com nossos parceiros. Ele literalmente promove a fidelidade!

Resumindo, somos feitos para romance, amor e apego. O coquetel de química cerebral que leva ao amor, mesmo quando está enfraquecido, pode ser "agitado" para acordar o "gato adormecido", caso você queira. Fisher oferece muitas sugestões para reacender a química, incluindo a mais óbvia: faça mais sexo com seu parceiro, mesmo se vocês forem tão ocupados que precisam "marcar hora para o sexo".

"Quando você faz amor com alguém, você aumenta o sistema da testosterona, o que faz você querer ainda mais sexo", explica Fisher. "Qualquer estímulo nos genitais estimula o sistema de dopamina e cria e sustenta sentimentos de amor romântico. Com o orgasmo, seu cérebro se enche de oxitocina e vasopressina. Ambos são ligados a sensações de apego." O sexo não só é bom para você e seu relacionamento, como o sêmen tem ótimos componentes químicos para a mulher, incluindo alguns que reduzem a depressão!

Para reativar sentimentos de amor, Fisher sugere que o casal faça coisas novas juntos. Quando vocês fazem algo desafiador juntos, vocês se excitam e a dopamina aumenta. Quer seja tirar férias numa cidade ou país novo, ou aprender a dançar, fazer coisas novas juntos fora de sua zona de conforto lhes dá sentimentos de amor romântico. É por isso que tirar férias juntos muitas vezes se torna uma aventura cheia de sexo.

Fisher acredita que para estimular o apego, precisamos "literalmente" manter contato. "Aprendam a dormir nos braços um do outro, à noite. Andem de braços dados. Deem as mãos, se beijem, toquem os pés por baixo da mesa no jantar, massageiem um ao outro. O toque estimula o sistema de oxitocina", diz Fisher.

Ela também recomenda uma prática em que se diz cinco coisas boas para seu parceiro todos os dias. "É bom para ele e é ótimo para seu sistema imunológico, pressão sanguínea e coração."

Como saber se você ainda é apaixonada por sua alma gêmea? A dra. Fisher e sua parceira de pesquisa, dra. Lucy L. Brown, oferecem um teste fantástico onde você pode descobrir se realmente está "apaixonada". Elas o chamaram de *Love Calculator*, e mede a Escala do Amor Apaixonado. Você pode fazer o teste de graça (em inglês) em http://www.theanatomyoflove.com.

Outra forma de criar novidade é ir em busca de circunstâncias que despertem medo. Acreditem em mim. Funciona mesmo! Ao alavancar seu medo e a química cerebral que resulta disso, você cria um laço mais forte com seu parceiro.

A NATUREZA APROXIMADORA DO MEDO

Alguns anos atrás, eu estava assistindo a um programa sobre encontros na televisão, no qual um casal em seu segundo encontro resolveu pular de *bungee jump* de uma ponte. Era algo que nenhum dos dois jamais havia feito. Não só eles iam saltar, como também o fariam ao mesmo tempo.

Primeiro, eles se sentaram na beirada da ponte, lado a lado, admitindo o quão assustados estavam. Então, enquanto se aproximava o momento do pulo, eles tentaram contar algumas piadas para se distraírem. Dava para ver que ambos estavam apavorados. Finalmente, os dois tomaram coragem de pular. E adivinha só? Eles sobreviveram. Na cena seguinte eles estavam tomando uma taça de vinho, olhando nos olhos um do outro, e claramente se apaixonando.

Como isso aconteceu? Em um minuto eles estavam morrendo de medo e no próximo estavam jantando e bebendo vinho num estado de pura felicidade. O que os espectadores viram foi o poder da adrenalina e uma pitada de cortisol, o chamado hormônio do stress.

Segundo alguns especialistas, a experiência de medo e ansiedade pode levar à atração sexual e a uma conexão. Se você está pronta para "religar o motor do amor" com seu companheiro e incrementar a conexão entre vocês, pode ser hora de fazer alguma coisa que inclua risco. Como recarregar a bateria arriada de um carro, é uma solução de curto prazo, mas pode ser aquilo que é preciso para que as coisas se encaminhem na direção que você quer.

Você já pensou em pular de paraquedas, fazer um rafting, andar em uma montanha-russa, pular de asa-delta, ou assistir a um filme apavorante? Essa é a ideia. Emoções extremas aproximam as pessoas. Elas têm o poder de eliminar o que não importa para ajudar você a ver a realidade de uma situação com clareza. Ao se colocar numa situação onde parece haver risco de morte, vocês também estão se aproximando mais.

Por outro lado, alguns psicólogos chamam esse tipo de situação de "atribuição equivocada". Isso significa confundir a origem de seus sentimentos por outra pessoa, tipicamente depois de terem estado em circunstâncias terríveis juntos[1]. Isso é comparável a mandar mensagens de texto bêbado, quando uma pessoa manda uma mensagem de amor para outra sob a influência do álcool e rapidamente se arrepende. É uma coisa típica em relacionamentos superficiais que não duram muito.

Eis um bom exemplo de atribuição equivocada. Em 1994, a supermodelo Christie Brinkley estava se divorciando do cantor Billy Joel, quando começou a sair com o promotor imobiliário Rick Taubman. Eles resolveram esquiar e quase morreram quando o helicóptero caiu. A intensidade da experiência os aproximou, de modo que eles logo se casaram e tiveram um filho. Eles se divorciaram onze meses mais tarde.

É provável que você já esteja com seu parceiro há algum tempo, então provavelmente esse fenômeno não se aplica a você. No entanto, é bom reconhecer o efeito de curto prazo de circunstâncias extremas no comportamento humano. Essa abordagem serve para acender sua paixão, não a sustentar. Outras coisas devem ser feitas para preparar o terreno para um relacionamento duradouro.

Se seu relacionamento foi traumatizado por uma traição ou alguma outra ferida profunda, ainda é possível reacender este amor. Em tais casos, é sempre bom procurar uma terapia de casais profissional para guiá-los pelo processo de cura e reconstrução da confiança e do respeito. Uma terceira parte frequentemente consegue manter o território neutro que vocês precisam, enquanto ambos buscam o caminho de volta para o outro depois da dor.

GERANDO INTIMIDADE E DANDO PARTIDA NO AMOR

Outra maneira muito positiva de dar partida no amor é procurar maneiras de aumentar seu nível de intimidade. A intimidade é a base de um relacionamento sólido e duradouro. Ela é o alicerce do amor.

Num estudo sobre intimidade feito pelo professor de psicologia da Universidade Estadual de Nova York, Arthur Aron, uma equipe de pesquisadores descobriu um método para criar proximidade entre dois estranhos. Num laboratório, a equipe pediu para que os participantes usassem um catálogo de trinta e seis perguntas cada vez mais pessoais e então fazerem um exercício onde olhariam nos olhos do outro em silêncio durante quatro minutos. A ideia era fazer os participantes descobrirem três traços em comum e criassem uma série de estratégias para se aproximar, para rapidamente gerar confiança e intimidade, os pilares de qualquer relacionamento duradouro.

Num artigo no *The New York Times*, a instrutora de redação da Universidade de British Columbia, Mandy Len Catron, relembrou seu experimento com um colega de universidade: "A intensidade do exercício foi avassaladora. Depois de diversas horas conversando com seu colega, ela percebeu que o amor na verdade é uma ação. Para a surpresa deles, o teste deu certo, e eles se apaixonaram."

Abaixo estão as trinta e seis perguntas que Aaron e sua equipe preparou para criar proximidade entre dois estranhos. Deu certo? Essas perguntas profundas já derrubaram barreiras emocionais entre milhares de estranhos, resultando em amizades, romances e até alguns casamentos. Responder a essas perguntas também pode aproximar mais você e seu parceiro!

Carissa Ray, produtora de multimídia do Today.com, fez esse exercício com seu companheiro de doze anos e descobriu que seu relacionamento resistiu ao teste do tempo para além da noção de amor romântico. Num artigo, ela relata: "Por mais que não passemos muitas noites ao ar livre olhando nas "janelas da alma" um do outro, passamos muitos dias e anos falando um com o outro com esses mesmos olhos, geralmente sem dizer uma palavra." Ela alega que suas respostas mostram como eles definiram a vida um do outro. "Não precisamos fingir ser solteiros forçando nossas histórias um no outro depois do *happy hour*. Somos família."

Quando tive a chance de conversar com ela, Carissa disse que o teste reforça a mensagem positiva de "você é meu parceiro, eu escolhi você." Ela recomenda que os casais não poupem tempo para se reconectarem.

O exercício leva cerca de noventa minutos, mas se você preferir fazer as perguntas ao longo de um tempo maior, tudo bem também. As perguntas se tornam cada vez mais profundas, então é melhor fazê-las na ordemproposta. O objetivo principal do exercício é fazer você e seu parceiro começarem a se abrir um com o outro de maneiras que talvez não tenham feito há um bom tempo.

EXERCÍCIO DE INTIMIDADE

Série I

1. Se pudesse escolher qualquer pessoa no mundo, quem você convidaria para jantar?
2. Você gostaria de ser famoso? Pelo quê?
3. Antes de dar um telefonema, você ensaia o que vai dizer? Por quê?
4. Como seria um dia "perfeito" para você?
5. Quando foi a última vez que cantou sozinho? E para alguém?
6. Se você pudesse viver até os noventa anos de idade e ter ou o corpo ou a mente de alguém de trinta durante os últimos sessenta anos de sua vida, qual escolheria?
7. Você tem algum palpite sobre como vai morrer?
8. Diga três coisas que você e seu parceiro parecem ter em comum.
9. Pelo que você se sente mais grato na vida?
10. Se você pudesse mudar qualquer coisa sobre como foi criado, o que seria?
11. Separe quatro minutos e conte a seu parceiro a história de sua vida com o maior número de detalhes possível.

12. Se você pudesse acordar amanhã tendo ganhado uma qualidade ou habilidade, qual seria?

Série II

13. Se uma bola de cristal pudesse revelar a verdade sobre você mesma, sua vida, seu futuro ou qualquer outra coisa, o que gostaria de saber?
14. Existe alguma coisa que você sonha fazer há muito tempo? Por que não fez?
15. Qual a maior realização da sua vida?
16. O que você mais valoriza numa amizade?
17. Qual sua lembrança mais preciosa?
18. Qual sua lembrança mais terrível?
19. Se você soubesse que em um ano iria morrer subitamente, mudaria alguma coisa no seu atual modo de vida? Por quê?
20. O que a amizade significa para você?
21. Que papéis o amor e o afeto têm em sua vida?
22. Revezem-se compartilhando algo que consideram uma característica positiva de seu parceiro. Compartilhem um total de cinco itens.
23. O quão unida e calorosa é sua família? Você acha que sua infância foi mais feliz que a da maioria das outras pessoas?
24. Como você se sente em relação a seu relacionamento com sua mãe?

Série III

25. Faça três frases verdadeiras com "nós". Por exemplo, "Nós dois estamos nesta sala nos sentindo..."
26. Complete esta frase: "Eu queria ter alguém com quem eu pudesse compartilhar..."

27. Se você fosse se tornar amiga íntima de seu parceiro, por favor, diga o que seria importante que ele ou ela soubesse.

28. Diga a seu parceiro o que gosta nele; seja muito honesta desta vez, dizendo coisas que talvez você não dissesse a alguém que acabou de conhecer.

29. Conte a seu parceiro um momento embaraçoso de sua vida.

30. Quando foi a última vez que chorou na frente de outra pessoa? E sozinha?

31. Revele a seu parceiro uma coisa que já gosta nele.

32. O que, se você achar que existe alguma coisa, é sério demais para se brincar?

33. Se você fosse morrer esta noite sem chance de se comunicar com ninguém, do que mais se arrependeria de não ter dito a alguém? Por que ainda não disse isso a essa pessoa?

34. Sua casa, incluindo todos os seus pertences, pega fogo. Depois de salvar seus entes queridos e animais de estimação, você tem tempo de voltar uma última vez para salvar qualquer item. O que seria? Por quê?

35. De todas as pessoas na sua família, qual morte o perturbaria mais? Por quê?

36. Conte um problema pessoal e peça o conselho de seu parceiro quanto a como ele lidaria com esse problema. Além disso, peça a seu parceiro para relatar a você como você parece estar se sentindo a respeito do problema que escolheu.

Depois que você e seu parceiro tiverem respondido a todas as 36 perguntas, a parte final do exercício é a seguinte: fiquem em pé ou sentados, um de frente para o outro, e se olhem em silêncio nos olhos durante quatro minutos. Sim, provavelmente vai ser bem desconfortável e estranho, mas façam mesmo assim. Este exercício, conhecido como "olhos nos olhos", é feito para conectar alma a alma e vai ajudá-los a solidificar os novos laços que vocês acabam de criar um com o outro.

Como mencionado anteriormente, Mandy Len Catron se sentou num bar uma noite com um amigo quando eles resolveram responder as perguntas do estudo de Arthur Aron. Eles demoraram horas para responder a todas as perguntas e então fizeram o exercício de olhos nos olhos durante quatro minutos em pé numa ponte, já tarde da noite. Os dois acabaram se apaixonando. Em seu artigo, ela resume sua experiência da seguinte maneira:

> O que gosto neste estudo é como ele parte do princípio de que o amor é uma ação... O estudo de Arthur Aron me ensinou que é possível — e até simples — gerar confiança e intimidade, os sentimentos dos quais o amor precisa para prosperar... Apesar de ser difícil creditar ao estudo inteiramente [o fato dos dois terem se apaixonado], o estudo nos abriu caminho para um relacionamento que parece intencional. Passamos semanas naquele espaço íntimo que criamos naquela noite, esperando para ver o que ia acontecer. O amor não nos escolheu. Estamos apaixonados porque ambos fizemos a escolha de estar.

Como todas as coisas que vale a pena fazer, dar partida no seu amor requer um investimento de tempo, energia, intenção, atenção, e vontade de verdade de fazer aquilo acontecer. A questão torna-se então: "Você está comprometido o bastante com seu relacionamento para apostar todas as suas fichas nele?" Para a maioria das pessoas, se apaixonar não é difícil, mas escolher permanecer apaixonado requer compromisso.

Apesar de sempre haver inúmeras definições para o amor, uma coisa que sei com certeza é que o amor é baseado numa escolha nossa. O psicólogo Erich Fromm coloca isso de forma belíssima: "O amor é uma decisão. É um julgamento. É uma

> A alma é a parte sem nascimento, sem morte e sem mudanças em nós. A parte de nós que vê além de nossos olhos. A alma é infinita.
>
> *Wayne Dyer*

ABANDONO SELVAGEM: SEU CÉREBRO APAIXONADO

promessa. Se o amor fosse apenas um sentimento, não haveria base para a promessa de amar um ao outro para sempre. Um sentimento vem e pode ir embora. Como posso julgar se ele vai ficar para sempre, quando meu ato não envolve julgamento nem decisão?"

Tomar a decisão diariamente, às vezes até de minuto em minuto, é um trabalho para adultos maduros. Não podemos esperar e torcer para "amar": em vez disso, precisamos ativamente "gerar amor" através de nossas palavras, atos, ações e intenções. Especialmente nos momentos em que realmente não temos vontade!

NOVE

O poder de cura do amor

*Descrever o amor é muito difícil pelo mesmo motivo
que palavras não podem descrever totalmente o sabor
de uma laranja. Você precisa provar a fruta para
conhecer seu sabor. Assim é com o amor.*

Paramahansa Yogananda

Uma noite, alguns anos atrás, logo depois do jantar, meu amado Brian me fez sentar no sofá e disse uma coisa equivalente àquela frase capaz de parar um coração: "Precisamos conversar." Me lembro de sentir aquela sensação do coração subir até a boca, seguida pelo pensamento: "Ah não, o que será que eu fiz?"

Isso foi pouco tempo depois do falecimento de minha irmã, Debbie, e nós dois havíamos passado por meses brutais, fazendo o nosso melhor para seguir em frente enquanto ela se despedia. Nenhum de nós estava dormindo muito, ambos estávamos profundamente tristes, e eu finalmente voltara a trabalhar, tentando administrar não só um, mas três projetos gigantescos.

No tom de voz mais doce e gentil, Brian começou a falar comigo sobre sua preocupação por minha saúde e bem-estar. Com lágrimas nos olhos, ele me disse que temia que, se eu não parasse com as longas e intensas horas de trabalho e com o profundo stress, eu ficaria muito doente e possivelmente "trabalharia até morrer".

Sendo alguém que sempre conseguiu realizar coisas grandes, administrar diversos projetos simultaneamente e suportar enorme pressão, eu normalmente teria simplesmente o reafirmado que eu conseguiria "vencer" aquele período e lidar com tudo o que estava acontecendo. Mas havia alguma coisa na maneira com que ele estava me abordando que me fez parar e escutar. Sua vulnerabilidade e sinceridade me tocaram, e eu realmente, realmente dei ouvidos a ele.

E vi que ele tinha razão. Eu não era mais a pessoa que conseguia fazer tudo. Meu sistema nervoso estava em frangalhos. Eu não tinha mais reservas e estava perdendo o gás.

Sentada ali, tentando absorver aquilo tudo, tentando descobrir o que "fazer" quanto à minha situação, me lembrei de uma coisa que Debbie uma vez sussurrou para mim no meio da noite: "Tire mais férias."

Passei os dias seguintes olhando o calendário, tentando ver quando eu poderia tirar férias e durante quanto tempo. E então me dei conta. Eu não precisava de uma ou duas semanas numa ilha tropical. Eu precisava de uma pausa grande e demorada. Precisava descansar, rejuvenescer, recarregar, e repensar o resto da minha vida.

Alguns meses depois parei de trabalhar — completamente! Desliguei meu celular e o guardei numa gaveta. Programei uma resposta automática para meu e-mail e gravei uma mensagem nas minhas secretárias eletrônicas para avisar que, durante seis semanas, eu estaria completamente, totalmente indisponível. Comecei então meu período sabático.

Fiquei pensando: "E se eu me entediar? Como vou ocupar meus dias? Consigo mesmo fazer isso? Me desligar completamente?"

Fico feliz em dizer que foi um verdadeiro sucesso.

Comecei a dormir até tarde, a tirar sonecas pela primeira vez na vida, a ler todos aqueles livros que estavam se acumulando na minha estante. Brian e eu jogávamos tênis e dávamos diversas caminhadas na praia. Viajamos para Bora Bora, Itália e Romênia. Comecei a cozinhar mais e a descansar muito.

Toda vez que eu tinha uma nova ideia para um projeto, eu me sentava, fechava os olhos, respirava fundo, e esperava que passasse. Se a ideia persistia, eu a anotava e esquecia dela em seguida. Trabalhei com meus médicos para restaurar meus níveis de energia e fiz muitas visitas ao acupunturista e ao quiroprata. Meus parceiros incríveis na Evolving Wisdom me deram o presente fantástico de muitas massagens.

Durante esse período de cura, resolvi reinventar como vivo a vida. Um dos meus momentos mais iluminados foi meu novo mantra: "Estou agora experimentando um novo tipo de entusiasmo que não é alimentado por adrenalina."

Sem a tirania das listas de afazeres devorando cada minuto do meu dia, tive tempo para conversas profundas e significativas com várias amigas que descobri também estarem "no limite" e prontas para fazerem grandes mudanças. Todas nós admitimos sermos "viciadas em realizar tarefas" e pensamos até mesmo em iniciar um grupo de apoio.

No passado, frequentemente me defini através de meu trabalho e, odeio admitir isso, meu ego se orgulhava muito do quanto eu conseguia realizar em uma hora, um dia ou uma semana. Anos atrás, quando trabalhei com Deepak Chopra, ele me chamava de "acelerada", e eu achava isso uma coisa boa! Pena que eu não estava escutando mais atentamente quando Deepak estava me dizendo como se estressar altera as plaquetas, o que não é bom para a saúde.

Resolvi então que estou farta de viver para trabalhar. Eliminei a palavra "trabalho" do meu vocabulário, e agora passo metade do meu tempo imersa em projetos que me dão um escape criativo, diversão e liberdade, e que me oferecem algum nível de contribuição e prosperidade.

Hoje, minha vida foi radicalmente mudada, porque meu amável e corajoso marido teve a disposição de ter uma conversa profunda e transformadora comigo. Aquela conversa poderia ter tomado diversos rumos. Ele poderia simplesmente ter apontado o dedo para mim e dito: "Se você não desacelerar, vai acabar se machucando de verdade", ou algo nessa linha.

Em vez disso, ele realmente se abriu, deixou seu coração vulnerável, e me permitiu ver o quanto ele se importava e preocupava. As lágrimas em seus olhos, a expressão em seu rosto, a compaixão em sua voz falaram comigo de um jeito que nenhuma acusação jamais conseguiria. Um de meus padrões é entrar na defensiva quando sou acusada de alguma coisa, mesmo que seja uma coisa tão importante quanto meu próprio bem-estar. Sabendo disso, Brian tomou um grande risco ao tocar num assunto tão delicado. Por causa de seu "coração vulnerável" pude realmente ouvi-lo, senti-lo, e me comprometer a fazer mudanças salvadoras.

"Deixar seu coração vulnerável é estar solidamente centrado nele, enquanto você sente o que realmente está acontecendo. Não é uma questão de ser sentimental ou piegas, nem de deixar os outros fazerem você de gato e sapato ou afundarem você com eles", explica

Deborah Rozman, presidente e codiretora da Quantum Intech, Inc., a companhia mãe da HeartMath LLC.

"Ser vulnerável não precisa ser ameaçador, mas é preciso coragem para ser sincero, aberto e honesto. As pessoas frequentemente evitam se sentir vulneráveis porque elas têm medo de afundarem num buraco emocional do qual não conseguiriam sair facilmente", explica Rozman.

Apesar de alguns de nós vermos a vulnerabilidade como "expor nossos corações", ou "abrir o jogo", na realidade se trata de uma questão de amar com todo nosso coração, praticando gratidão e contando com a alegria, mesmo em momentos de terror. Também se trata de acreditar que você é "suficiente", e de se permitir ser realmente vista.

Vulnerabilidade significa "compartilhar nossos sentimentos e nossas experiências com pessoas que conquistaram o direito de escutá-las", explica Brené Brown. Brown nos encoraja a tirarmos nossas máscaras, ter a coragem de sermos imperfeitos, a força de amar a nós mesmos em primeiro lugar, e a audácia de deixar ir embora quem achamos que devíamos ser para nos tornarmos quem realmente somos. Ela acredita que a vulnerabilidade está no núcleo do medo, da ansiedade e da vergonha, mas que também é o lugar de nascimento da alegria, do amor, do senso de pertencimento, da criatividade e da fé.

Em sua palestra no *TED*, "The Price of Invulnerability", Brown explica que, como sociedade, estamos perdendo nossa tolerância pela vulnerabilidade, e que tornamos a vulnerabilidade um sinônimo de fraqueza. "Vivemos uma cultura que nos diz que nunca há o bastante: nós não somos o bastante. Não somos bons, não estamos seguros o bastante, nem certos o bastante, nem perfeitos o bastante, ou extraordinários o bastante. E, ainda assim, a verdade é que nos momentos mais normais de nossas vidas que nós mais encontramos alegria", afirma ela. Além disso tudo, Brown diz que nos "anestesiamos" para evitar nos sentirmos vulneráveis, e o fazemos comendo demais, gastando demais ou nos mantendo ocupados demais. O resultado é nossa inabilidade de sentir alegria. Estamos anestesiados até o nosso íntimo.

Quantas vezes você optou por se anestesiar em momentos de estresse em vez de procurar diretamente pela fonte de sua dor? Todos já passamos por isso. A notícia boa é que existe uma solução simples para não fazer vista grossa, e sim aceitar isso através da vulnerabilidade. Para abraçar a vulnerabilidade, Brown sugere a prática da gratidão.

"Nós paramos e nos tornamos gratos pelo que temos. Honramos o que existe de comum em nossas vidas, que é aquilo que é verdadeiramente extraordinário... as pessoas que amamos, nossa família, poder brincar, nossa comunidade e a natureza... Na vulnerabilidade descobrimos o que realmente dá propósito e significado a nossas vidas", diz Brown.

Segundo o médico e autor Mark Sircus, a chave mais importante para o amor é encontrar nossa disposição e habilidade em sermos vulneráveis. Ele explica que, quando alcançamos um nível de verdadeira vulnerabilidade, o coração se abre completamente. Você pode realmente ver dentro do coração e da alma da pessoa. As pessoas mais fortes e iluminadas não se escondem nem se protegem mais da dor, porque elas não têm medo de sofrer. Elas vivem abertas.

Quando um coração escuta outro de verdade, ele está tocando o mundo interior daquela outra pessoa. Fazer perguntas para abrir a outra pessoa ainda mais mostra verdadeiro interesse no bem-estar dela. Este tipo de coração consegue entrar no mundo do outro porque naquele momento o coração é um só com todas as outras coisas. Ele não percebe fronteiras. Neste estado, não existe mais o outro, apenas um. O "você" e o "eu" se fundem na unidade de todas as coisas. Esse nível de comunhão com seu parceiro requer a vulnerabilidade da qual o sr. Sircus e Brené Brown falam.

Parece bom, não? Mas como se chega lá?

O caminho para a vulnerabilidade requer humildade. Você precisa ir além de das aparências, num estado sem ego no qual não existem expectativas nem exigências. Você simplesmente se abre sem medo e recebe de volta o que vier. O paradoxo da vulnerabilidade é que você só pode ser vulnerável quando não se preocupa com o julgamento dos outros. Quando você está vulnerável, você se torna uma tartaruga sem seu casco. É preciso coragem e força para ser seu eu nu e vulnerável.

A dádiva do coração vulnerável é enorme. Com ela, vem uma intimidade, conexão e comunicação mais profundas com nossa amada alma gêmea. Com o coração vulnerável, podemos experimentar mais vigor e amor. Antes de você poder se abrir de maneira profunda com seu parceiro, precisa primeiro praticar a arte de perdoar.

O PODER DE CURA DO PERDÃO

O perdão é uma peça crucial do quebra-cabeça do amor. Conforme aprendemos com o conceito do Amor Wabi Sabi, somos criaturas imperfeitas. O perdão é integral ao nosso bem-estar. Na verdade, o perdão é o que nos mantém inteiros quando a vida está nos destruindo.

Perdoar não é aceitar abusos ou maus comportamentos. É libertar-se dos sentimentos ruins que resultam destes comportamentos. O autor e orador Wayne Dyer diz: "Perdoar é, de certa forma, associado a dizer que tudo bem, que aceitamos o mal feito. Mas isso não é perdão. Perdão significa que você se enche de amor e irradia este amor para fora e se recusa a se prender ao veneno ou ódio que foram gerados pelos comportamentos que causaram as feridas."

Evidentemente, algumas pessoas são mais fáceis de amar — e de perdoar — do que outras. É fácil amar pessoas que amam, apoiam e fazem você crescer. Não exige esforços gostar das que estão lá para você não importa o que aconteça. É infinitamente mais difícil aceitar as difíceis, as que julgam e às vezes são absolutamente más. As pessoas que nos enlouquecem e espalham sua miséria como se fosse uma doença contagiosa são os verdadeiros desafios em nossas vidas. É difícil realmente amar essas pessoas quando encaramos sua ruindade.

Se você leu este livro até aqui e ainda acha que seu parceiro é esta pessoa, pense no que Marianne Williamson uma vez disse: "Se

O PODER DE CURA DO AMOR

você visse uma criancinha cair e ralar o joelho, você rapidamente a abraçaria e a confortaria. Mas quando um adulto está se comportando mal ou sendo cruel, não conseguimos ver as feridas que deram origem à sua dor e suas ações."

Na maior parte do tempo, seja lá o que a pessoa difícil em nossas vidas esteja fazendo ou dizendo, pouco tem a ver conosco. Elas estão simplesmente agindo por causa de dores profundas e antigas. Sua decepção é intensa, e elas descontam na pessoa mais próxima delas, que é você. Naquele momento de conflito e dor, você se torna a infeliz vítima da história dela.

O desafio para muitos de nós é que muitas vezes somos parentes das pessoas mais difíceis que iremos conhecer em nossas vidas. Nesses casos, precisamos encontrar uma maneira de permanecermos abertos a amá-las e aceitá-las. Tudo começa com o perdão. Não é uma tarefa fácil, especialmente se sua dor e sofrimento vêm das experiências que você compartilhou com elas.

Em situações nas quais você se vê sendo confrontada por pessoas difíceis, é hora de abrir seu kit de ferramentas espiritual mais uma vez. Um dos meus processos favoritos aproveita o poder do perdão. Ele também é incrivelmente reparador. Esse processo se chama Ho'oponopono, uma antiga prática havaiana de perdão e reconciliação.

Essa ferramenta pode ser utilizada não apenas para perdoar, mas também para todos os tipos de cura emocional. A aprendi de Joe Vitale, em seu livro *Limite Zero*. Para praticar o Ho'oponopono, você só precisa de uma coisa: *você*. Comece tomando total responsabilidade pelo que está acontecendo. Se sentir que está resistindo a essa ideia, respire fundo algumas vezes. Em seguida, feche os olhos e imagine que você e essa pessoa difícil são um único ser. Diga a si mesma: "Eu te amo. Por favor, me perdoe. Sinto muito e obrigada."

Ho'oponopono significa "consertar as coisas" e é baseado na noção de que tudo que você experimenta é criação sua. Em outras palavras, qualquer coisa que esteja acontecendo — ou qualquer coisa que você acha que esteja acontecendo — com você, em seu mundo, é feita pelas suas mãos. Como você cria sua própria realidade, você

183

também é cem por cento responsável por aquele mundo. Você é o prefeito de sua própria cidade ou, para voltar a uma analogia que usamos no começo deste livro, você é a roteirista, diretora e produtora de seu próprio filme.

Ser responsável não significa que seja sua culpa. Na verdade, nenhuma culpa pode ser encontrada quando assumimos total responsabilidade. Não há espaço para isso. Como você é responsável por simplesmente tudo no mundo que criou, também é sua a tarefa de curar a si mesma. Se uma pessoa aparece na sua vida como um problema, só você pode mudar essa percepção. Você faz isso simplesmente repetindo essas quatro simples frases diversas vezes: "Eu te amo. Por favor, me perdoe. Sinto muito. Obrigada."

Forgivenes healing:
O processo do Ho'oponopono

Pense em qualquer pessoa que você precisa perdoar.

Com sua mente, construa um pequeno palco abaixo de você e coloque a pessoa nele.

Imagine uma fonte infinita de amor e cura fluindo do alto de sua cabeça (de Deus ou de seu Eu Superior). Abra o topo de sua cabeça e deixe a fonte de amor e cura fluir para dentro de seu corpo, enchendo-o, e transbordando seu coração para curar a pessoa que está no palco.

Repita muitas vezes: "Eu te amo. Por favor, me perdoe. Sinto muito. Obrigada".

> Em seguida, deixe a pessoa ir, veja-a flutuando para longe, e corte o laço que conecta vocês dois (se isso for apropriado). Se você está perdoando seu amado, então assimile-o dentro de você.

Quando pratico este exercício, muitas vezes até diariamente, meu coração se abre e libero a ansiedade que cerca a experiência. Sou literalmente libertada da dor.

O psicoterapeuta Fred Luskin, diretor do *Forgiveness Project*, da Universidade de Stanford e autor de *Forgive for Good* (Perdoar de vez), passou mais de vinte anos estudando o perdão. Ele começa identificando exatamente como você se sente a respeito do que aconteceu. Em seguida, você promete a si mesma que vai fazer o que for preciso para se sentir melhor. Então você reconhece que perdoar não é fazer as pazes com a outra pessoa, e, sim, encontrar paz dentro de você a respeito desses acontecimentos passados com aquela pessoa.

Entenda que a mágoa contínua vem dos sentimentos que você carrega em relação ao passado, não do passado em si. Foque sua energia em maneiras de atingir seus objetivos em vez de na experiência dolorosa que desapontou, irritou ou destruiu você. Como minha irmã Debbie uma vez disse, a melhor vingança é seu próprio sucesso. Viva sua vida da melhor maneira possível em vez de gastar seu tempo com ideias de vingança contra a pessoa que a machucou. Mude sua história de tristeza para uma de perdão. Foque a escolha heroica de perdoar e siga em frente nesse pode daqui em diante.

Segundo Luskin, "A prática do perdão já demonstrou que reduz raiva, mágoa, depressão e stress, e leva a sentimentos

> A alma é um oceano infinito de energia e presença, manifestado na forma humana. Temos a oportunidade de expressar totalmente aquela energia enquanto estamos vivos. É um convite, que todos recebemos, e que quer ser aceito.
>
> *Panache Desai*

mais elevados de esperança, paz, compaixão e autoconfiança. Praticar o perdão leva tanto a relacionamentos saudáveis como a saúde física. Ela também influencia nossa atitude, o que abre o coração à bondade, beleza e amor."

Pequenos atos, grande amor

Uma vez ouvi uma citação que ainda acho verdadeira: "Se vocês colocarem um ao outro em primeiro lugar, ninguém fica em segundo." O dr. Harry Reis, psicólogo da Universidade de Rochester, conduziu pesquisas mostrando que pessoas que colocam as necessidades de seus parceiros em primeiro lugar são mais felizes. Ele chama isso de "amor compassivo". Reis diz: "É uma maneira de a comunicar à outra pessoa que você a entende, que é grato e se importa com ela."

Isso não quer dizer que você deva sempre colocar as necessidades de seu parceiro acima das suas. Obviamente você quer estar com alguém que às vezes também faz isso por você. A questão é que, ao se importar conscientemente com a felicidade de seu parceiro, você vai no fim fazer você mesma mais feliz.

Outra maneira de colocar isso seria: "Cônjuge feliz, lar feliz!"

Segundo o rabino Ezagui, o casamento significa se erguer acima de seus próprios limites. O casamento é, segundo o ponto de vista dele, o maior chamado do potencial humano. "Case-se consigo mesma antes", aconselha ele. "O casamento começa de dentro. Se eu encontrar a alma que há dentro de mim, posso me casar com outra pessoa e adotar a alma dele. Você não está se casando com sua outra metade, e, sim, casando-se consigo mesma."

O efeito casamento

Já dissipamos os mitos do casamento baseados em noções românticas com finais de contos de fadas. Em *O Poder do Mito*, Joseph Campbell e Bill Moyers definem o casamento como algo além do amor inebriante e romântico que fomos treinados a procurar:

O casamento não é um caso de amor. Um caso de amor é algo totalmente diferente. Um casamento é um compromisso com o que você é. Aquela pessoa é sua cara-metade. E você e o outro são um. Um caso de amor não é isso. Um caso é um relacionamento para o prazer, e quando ele não é mais prazeroso, acabou. Mas um casamento é um compromisso para a vida, e um compromisso para a vida é o maior interesse da sua vida. Se o casamento não é o principal interesse, você não é casado.

Pesquisas já provaram que cônjuges felizes recebem os benefícios de uma coisa chamada "efeito casamento", o que significa que eles são:

Mais propensos a viverem mais.
Mais propensos a serem física e mentalmente saudáveis e felizes.
Mais propensos a se recuperarem de doenças mais rápida e satisfatoriamente.

Um estudo de 2007 descobriu que a taxa de mortes de homens solteiros acima dos quarenta anos de idade era duas vezes mais alta que a de homens casados. Para os homens, o casamento salva vidas.

Morar junto não é a mesma coisa que ser casado um com o outro. Descobriu-se que casais felizes morando juntos num relacionamento estável, sem casamento, não recebem os mesmos benefícios. Ainda não encontrei a resposta definitiva quanto à razão disso, mas quando perguntei a Harville Hendrix sobre o assunto, ele sugeriu que tivesse algo a ver com segurança e proteção. Em algum nível inconsciente, esses casais comprometidos, porém não casados, não experimentam o mesmo nível de segurança que os casados experimentam. A segurança é uma de nossas necessidades humanas mais profundas.

E quanto aos casais que moraram juntos durante anos muito bem, mas quando se casaram se divorciaram? Harville diz que o motivo disso vem da emergência do verdadeiro trabalho por trás de um casamento que só aparece depois de fazermos os votos sagrados. Parece que precisamos trabalhar por nossa sensação de segurança, mas a recompensa é a longevidade e um estilo de vida mais estável.

Já vimos os efeitos positivos que o casamento pode ter em nossas vidas. Conforme vimos no Capítulo Seis, o Amor Wabi Sabi é baseado na habilidade de ser honesto consigo mesmo e com seu parceiro. É a disposição para revelar a sua verdade, toda a sua verdade, e nada além de sua verdade, assim que você a reconhece.

COMPROMETENDO-SE COM NOVOS VOTOS

Talvez um de vocês tenha quebrado seus votos de casamento ou ignorado uma parte ou tudo do que prometeram um ao outro. Escrever *votos de relacionamento* lhe dá a oportunidade de descrever seu renovado compromisso com a relação. Pense nisso como uma declaração de missão para sua parceria que servirá como um compasso para guiar suas ações futuras e servir como um testamento de seu comprometimento para avançar para um futuro em conjunto. Um voto de relacionamento deve ser um trampolim para sua nova realidade, considerando que ele informa a seu amado sua intenção de vocês serem melhores juntos do que separados.

Esse exercício abre espaço para um futuro mais inspirador, algo que se torna a realidade diária apaixonada de um casal. Abaixo vai um possível voto de relacionamento que você pode alterar para que se encaixe em sua situação. Preencha os espaços em branco (ou baixe uma cópia deste voto em www.matetosoulmate/newvow).

VOTO DE RELACIONAMENTO

Durante os últimos _____ anos, estivemos juntos na tristeza e na alegria, nas vitórias e nas derrotas, na saúde e na doença, e juntos crescemos tanto. Evoluímos e nos transformamos juntos. Sofremos juntos, rimos e choramos juntos. [Caso se aplique: Criamos uma bela família juntos].

> Eu, _____, aceito você, _____,
> para ser meu [ou minha] _____ em coproduzir
> um relacionamento saudável, amoroso e apoiador, nos compro-
> metendo a uma vida juntos como melhores amigos, amantes e
> parceiros. A partir deste dia, alegremente prometo secar suas
> lágrimas com minha risada e apaziguar sua dor com meu cari-
> nho e compaixão. Serei o vento debaixo de suas asas, conforme
> nos harmonizamos com uma maior compreensão acerca um do
> outro. Curaremos os problemas do passado e renovaremos nossa
> vida juntos com honestidade e transparência. Eu me entrego a
> você completamente e prometo amá-lo [amá-la] sempre, deste
> dia em diante.
>
> Prometo amar e estimar você, respeitar você e crescer com
> você todos os dias de nossas vidas. Este é meu solene voto.

PEQUENOS PASSOS PARA UMA MUDANÇA DURADOURA

A esta altura, você ainda pode estar se sentindo incerta quanto ao futuro de seu relacionamento. Deve ir embora ou ficar? Seja lá o caminho que escolher, você agora tem mais ferramentas em seu kit de ferramentas emocional para ajudá-la na próxima fase de sua vida.

Já descobrimos que, para que eu faça mudanças realmente significativas e duradouras, sejam elas relacionadas a estilo de vida, comportamentos ou maneiras de pensar, preciso começar com pequenos passos. Onde quer que você esteja em seu relacionamento agora, nada aconteceu do dia para a noite, e esperar mudanças imediatas não é razoável. Em algumas ocasiões, entretanto, elas podem acontecer num instante, como foi para Stephanie.

Stephanie e seu marido, Garth, eram casados há muitos anos, mas ele sempre a enlouquecera porque ela é "maníaca por limpeza" e Garth é, digamos, um pouco à vontade demais com desorganização e bagunça em geral. Quando conheci Stephanie numa oficina que eu estava fazendo para Amor Wabi Sabi em Sun Valley, Idaho, ela explicou que o trabalho de Garth o faz viajar duas semanas a cada mês e que, quando ele está fora, a casa é "dela", e tudo fica no lugar certo. Mas quando Garth está em casa pelas outras duas semanas, reina o caos, e não importa o quanto ela implore, provoque ou reclame, nada jamais muda.

Fiz os participantes da oficina se dividirem em grupos de três. Eles foram instruídos a contar sua maior reclamação a respeito de seus companheiros e então ajudar um ao outro para encontrar uma solução de Amor Wabi Sabi.

Stephanie contou seu problema a seus colegas de grupo, e um deles perguntou:

— Stephanie, você tem cachorro?

— Sim — respondeu ela.

— Seu cachorro solta pelos?

— Sim.

— O que você faz quando ele solta pelos?

— Eu os aspiro.

— Você ainda ama seu cachorro?

Então Stephanie ficou bem quieta. Ela sussurrou que é claro que sim, começou a gargalhar e completou:

— Ah meu Deus, Garth solta pelos!

E, com essa constatação, o mundo dela mudou. Três palavras mudaram sua visão de seu companheiro. Ele solta pelos. Imagine a liberdade nisso! De repente ela entendeu que, assim como seu cachorro não pode não soltar pelos, Garth também não. Simplesmente é quem ele é.

Nove meses depois de isso acontecer, liguei para Stephanie para ver como ela estava e se ainda estava bem com os "pelos" de Garth. Ela disse que não só estava bem com eles, como também seu relacionamento estava melhor do que nunca, porque ela agora o elogiava por todas as coisas que ele faz para fortalecer a conexão e a vida dos dois, e encontrava soluções Wabi Sabi para todo o resto.

Como a história de Stephanie ilustra, às vezes você pode fazer uma transformação instantânea capaz de mudar vidas, mas a maio-

A DATA DE VALIDADE DE UM RELACIONAMENTO

ria de nós precisa se comprometer em dar pequenos passos diariamente para transformar a nós mesmos e nosso relacionamento.

A DATA DE VALIDADE DE UM RELACIONAMENTO

Às vezes, grandes relacionamentos entre almas gêmeas terminam. Reconhecer a hora de terminar é uma decisão difícil, de partir o coração. O cinema, a mídia e nossa cultura em geral retratam o fim de um relacionamento como uma zona de guerra cheia de disputas em relação a dinheiro, filhos, imóveis e até o animal de estimação da família.

Felizmente, isso está lentamente começando a mudar, graças em grande parte ao trabalho de minha amiga Katherine Woodward Thomas, terapeuta e especialista em relacionamentos. Katherine criou um brilhante e inovador processo chamado de *"conscious uncoupling"*, um termo que inventou alguns anos atrás e que se tornou, da noite para o dia, parte do vocabulário moderno após Gwyneth Paltrow e Chris Martin o usarem para anunciarem seu divórcio, em 2014.

Em seu livro, *Conscious Uncoupling* (Separação Consciente), e em suas oficinas online, Katherine ensina um processo de cinco passos feito para tornar cada indivíduo completo e saudável, em vez de magoado, isolado e significativamente ferido pela experiência. Através desse processo, você libera o trauma do término, recupera seu poder, e reinventa sua vida.

Katherine cita os três motivos mais comuns pelos quais as pessoas decidem terminar:

O primeiro motivo para um relacionamento terminar é quando uma das partes se comportou mal e violou os acordos fundamentais do relacionamento. Talvez essa parte tenha roubado dinheiro das economias da família, tenha tido um caso, usado drogas ou bebido excessivamente. O segundo motivo é que, depois de anos tentando encontrar maneiras de coexistir pacificamente, os resíduos de ressentimentos, raivas e mágoas acumuladas não podem mais ser administrados. O dano feito parece grande demais para ser superado, e pouco a pouco a batalha entre o casal erodiu sua conexão de modo irreparável para uma ou ambas as partes. E o terceiro motivo é que o casal simplesmente cresceu em direções diferentes. Não é incomum encontrar casais que uma vez compartilhavam da mesma visão para suas vidas, para então se descobrirem em lugares muito diferentes, com valores ou objetivos muito diferentes em relação a como querem passar o resto de seus dias.

Antes de desistir, Katherine oferece três recomendações àqueles dispostos a fazer uma última tentativa de salvar o relacionamento:

1. Tentem terapia de casais com um profissional para mergulhar fundo nas questões e ver se elas não podem ser resolvidas de uma maneira com a qual vocês dois possam viver.
2. Compartilhe o que você realmente sente com seu parceiro sem envergonhar nem culpar o outro e dê a seu parceiro a chance de realmente escutar e sentir você, para que ele ou ela tenha a oportunidade de corrigir o problema.
3. Se seu parceiro responder a suas preocupações tomando ações concretas para melhorar a situação, faça o seu melhor para se esforçar da mesma forma e realmente dê tudo de si antes de iniciar um "*conscious uncoupling*".

Minha amiga Christine Hohlbaum e seu marido há vinte anos tentaram terapia de casais e descobriram que suas diferenças irreconciliáveis eram muito maiores do que aquilo que eles ainda tinham em comum. Depois de um doloroso processo que se estendeu por seis meses, eles resolveram entrar no programa de *conscious uncoupling* para entenderem melhor o que viria a seguir em suas vidas. Tanto Christine quanto seu marido fizeram o programa separadamente de acordo com seu próprio ritmo. Foi um processo profundamente espiritual que fez ambos crescerem e reconhecerem que poderiam abençoar os novos caminhos um do outro sem ressentimento, raiva nem medo.

No dia em que Christine viu a aliança de casamento de seu marido na prateleira da cozinha, ela o abraçou e falou: "Você completou a última sessão!" Com a ajuda desse processo, eles aceitaram completamente que seu relacionamento amoroso entre almas gêmeas havia se transformado num relacionamento de amizade. Não apenas eles se beneficiaram ao reconhecer como o relacionamento havia mudado, como seus filhos também. Eles se dão melhor do que nunca e se tratam com justiça, gentileza e respeito. Ambos ficaram livres para ir atrás de seus propósitos de vida de suas próprias maneiras: ele conseguiu seu emprego dos sonhos numa cidade vizinha e ela conheceu sua nova alma gêmea, que compartilha muito do que estivera adormecido dentro dela durante anos.

Ele é realmente minha alma gêmea?

Apesar de ser verdade que alguns relacionamentos entre almas gêmeas vêm com data de validade e não são destinados a durarem para sempre, conforme discutimos no capítulo oito, uma vez que você já tenha sido apaixonado por alguém, seu cérebro ainda é predisposto a amar aquela pessoa. Se você estiver aberta, disposta e disponível para reacender o amor, um bom lugar para começar, para transformar seu parceiro em sua alma gêmea, é decidir três coisas:

1. Ele é minha alma gêmea?
2. Estou disposta a rever a forma com que o vejo e ao nosso relacionamento?
3. Estou disposta a criar um relacionamento novo, mais feliz e forte?

Se você não tem certeza que ele é sua alma gêmea, pense nestas questões:

Já pensei nele como minha alma gêmea? Se não, o que mudou?

Agora que você tem definições do que é uma alma gêmea (alguém com quem você possa ser você mesma completamente, alguém com quem compartilha de um amor incondicional, e a quem pode olhar nos olhos e se sentir em casa), pergunte: Posso aceitá-lo agora como minha alma gêmea?

Eu o amo?

O respeito?

O acho atraente?

Posso imaginar não passar o resto de minha vida com ele?

Passar o resto da minha vida sozinha parece mais atrativo do que ao lado de minha alma gêmea?

Se alguma de minhas respostas for não, estou disposta a pensar na possibilidade de terapia de casais?

TRANSFORMANDO SEU PARCEIRO EM SUA ALMA GÊMEA: 16 PASSOS

Agora que já estabeleceu uma nova compreensão sobre o amor e o casamento, você está pronta para colocar o processo de transformar seu parceiro em sua alma gêmea em prática. Vamos começar com uma intenção clara e seguir com pequenos passos que vão construir sua própria estrada para uma vida de amor e felicidade. Você pode achar útil manter um diário enquanto faz esta jornada; nele, você pode completar os exercícios e acompanhar seu progresso. E, se quiser ser realmente valente e corajosa, compartilhe o diário com seu parceiro e o encoraje a escrever nele também!

Passo 1: Crie sua declaração pessoal de intenção de amor

Um estudo de Harvard de 1998 mostrou que aqueles que escrevem seus objetivos têm dez vezes mais sucesso em alcançá-los do que aqueles que não escrevem. Outro estudo demonstrou que aqueles que não só escreveram seus objetivos, como também os comparti-lharam com outra pessoa tinham ainda mais sucesso. Um dos prin-cípios básicos da manifestação diz que "aquilo em que você foca sua atenção, se torna maior". Para ter mais amor na sua vida, o ponto de partida é se *tornar* maior do que o amor.

Brian tem uma linda intenção de amor que ele vivencia todos os dias: "Todos que encontro terão a experiência de serem amados."

A minha é: "Sou uma aluna e filantropa do amor." Além disso, almejo ser mais como Brian!

Agora escreva sua própria declaração de amor, uma declaração que expresse a profundidade e amplitude do seu amor.

Passo 2: Acrescente prazer à sua vida

Você já ouviu a expressão "se a mamãe aqui não está feliz, ninguém está feliz"? É uma grande verdade! A escolha de ser a responsável por sua própria felicidade pode ser feita agora. Comece descobrin-do o que "felicidade" é para você. Para mim, ter um sentimento de contentamento e satisfação junto com a percepção e a confiança de que vivo num Universo acolhedor é minha ideia de felicidade. Aprendi que, independentemente das circunstâncias, na maior parte do tempo consigo me lembrar e me colocar nesse estado de felicidade. Meu maior objetivo é alcançar o estado de *santosha*, a pa-lavra em sânscrito para "felicidade imperturbável".

Reduzir o stress é crítico para mais felicidade. Para isso, você precisa reconstruir os níveis de oxitocina em seu cérebro. Certifi-que-se de planejar atividades semanais para isso, como massagens, manicures, sair com suas amigas, ir ao salão cuidar dos cabelos e fazer compras. Abraços de vinte segundos ou mais também são a maneira mais rápida de conseguir um aumento de oxitocina!

Passo 3: Defina sua alma gêmea

Declare que seu parceiro é sua alma gêmea e detalhe por que e como você sabe que isso é verdade. Uma vez feito isso, compre um cartão para seu amado e inclua sua descrição detalhada nele!

Passo 4: Revigore a história de como vocês se conheceram

Viaje no tempo e volte aos primeiros dias de seu romance. Escreva a história de como vocês se conheceram e relembre todos os detalhes excitantes e picantes de como vocês se uniram, incluindo:

Sua primeira impressão positiva dele.
A parte do corpo dele que você achou mais atraente.
Alguma coisa engraçada ou bondosa que o observou fazendo.
Qualquer sentimento que você tenha tido de que ele era "o cara".
Reações positivas de sua família ou amigos quando o conheceram.
Como você se sentiu quando ele a beijou pela primeira vez.

Lembre-se de que, ao compartilhar suas histórias positivas com seu parceiro, você irá reforçar seus sentimentos mais doces, valorizá-lo, e criar ainda mais amor em seu relacionamento. Mudar de perspectiva enfatizando os atributos positivos de seu parceiro não só altera sua energia, como também a energia entre vocês.

Passo 5: Crie espaço para mais amor

Criar um ambiente para a maior quantidade possível de amor em seu relacionamento pode exigir observar de perto como você se relaciona com seu parceiro. Lembre-se de que a maioria dos homens deseja respeito; eles querem se sentir necessários e valorizados ao máximo. O elogie generosamente pelas coisas que ele faz certo e diga como e por que as ações deles ajudam você.

Quando conversar com seu parceiro, lembre-se de não o envergonhar nem o culpar, nem ser crítica. O aborde com gentileza nas suas palavras, tom de voz e linguagem corporal. Comprometa-se a fazer isso todos os dias. E quando você precisar expressar algum aborrecimento, comece dizendo a ele cinco coisas que ele já fez pelas quais você é grata.

Passo 6: Peça o que precisa

Aprender a pedir o que você quer e deseja de forma clara, um pedido de cada vez, vai tornar a vida mais fácil para vocês dois. Cultive uma cultura de comunicação eficiente ao aprender a escutar melhor também. Reveja os exemplos do Capítulo Dois.

Passo 7: Aprendam a falar a mesma linguagem do amor

Imagine como seria a vida com seu parceiro se uma vez por semana vocês dois perguntassem um ao outro: "O que posso fazer para melhorar sua vida?" Só é preciso uma pessoa para começar uma mudança, então, se você começar essa prática hoje, é muito provável que seu parceiro vá fazer o mesmo em troca. Além disso, se você ainda não determinou qual é a linguagem do amor sua e de seu parceiro, faça o teste em www.5lovelanguages.com (em inglês). Se puder, faça com que seu parceiro faça o teste ao mesmo tempo, para que possam conversar sobre ele juntos. Uma vez descoberta a linguagem do amor dele, comprometa-se a conscientemente mostrar seu amor da maneira com que ele vá senti-lo e ouvi-lo mais intensamente.

Passo 8: Revise os contratos sagrados

Todos os relacionamentos que temos nos oferecem a oportunidade de aprender e crescer. Escreva respostas para as seguintes perguntas:

- Quais são alguns dos contratos sagrados que você e seu parceiro têm juntos?
- O que vocês aprenderam e continuam a aprender um sobre o outro?
- Quais foram os motivos que uniram vocês?

As respostas irão revelar os contratos sagrados que vocês têm. Revise os contratos na cabeça. Como você poderia melhorar os termos dos contratos? As respostas para essas questões irão servir como um lembrete e um estímulo positivo para retornar à origem de seu acordo de estarem juntos.

Passo 9: Faça o voto do perdão Wabi Sabi

Imagine como seu parceiro se sentiria se você prometesse nunca mais atormentá-lo pelas coisas que ele faz e a incomodam, ou a coisa da qual você mais reclama e que nunca muda. Num cartão ou pedaço de papel, escreva o voto do Capítulo Nove para seu parceiro (você também pode imprimi-lo ou enviá-lo por e-mail para seu parceiro indo em www.matetosoulmate.com/amnesty, site em inglês).

Passo 10: Veja a vida em cor-de-rosa

Casais que conscientemente optam por "ver a vida em cor-de-rosa" têm relacionamentos mais duradouros, felizes e satisfatórios. Ao usar essas lentes cor-de-rosa, eles estão procurando pelo que está certo e não pelo que está errado. Compre seu próprio par de óculos de lentes cor-de-rosa para usar nos dias em que se percebe sendo crítica ou julgando em excesso.

Passo 11: Crie sua declaração de visão compartilhada

Muitas almas gêmeas felizes têm uma visão compartilhada de seu relacionamento. A nossa é "Faremos escolhas e tomaremos decisões baseados no que for melhor para nosso relacionamento." Ao fazer isso, raramente precisamos chegar a um consenso, porque quando olhamos para alguma coisa pelo ponto de vista do que é melhor para nossa parceria, a resposta geralmente é bem clara.

Os experts em relacionamentos, Gay e Kathlyn Hendricks, que escreveram diversos best-sellers, incluindo *Conscious Loving* (Amor consciente), são comprometidos com a seguinte declaração: "Nos expandimos no amor e na criatividade diariamente enquanto inspiramos outros a fazer o mesmo."

Meus amigos Lisa e Ken optaram por: "Somos melhores amigos, que se tratam com amor, respeito e bondade."

Tome a inciativa e escreva um primeiro rascunho. Então mostre-o a seu parceiro, para que ele possa acrescentar coisas nele até vocês terem uma declaração de visão conjunta que reflete a intenção de ambos. Depois de terem sua declaração, a coloquem num lugar que vá lembra-los dela todos os dias, como na porta da geladeira ou no espelho do banheiro. Além disso, considere se comprometer com seu relacionamento através de novos votos. Veja o "Voto de relacionamento" deste capítulo, na página 187.

VOTO DE PERDÃO WABI SABI

Querido _____, eu amo você. Você é meu melhor amigo, amante e parceiro.

Como você sabe, durante os últimos ____ anos, tenho julgado e reclamado com você por causa de _____.

Recentemente, adotei o conceito do Amor Wabi Sabi, aprendendo a ver beleza e perfeição na imperfeição. Meu presente e meu voto a você é perdoá-lo por isso.

Com este voto de perdão Wabi Sabi, escolho hoje libertar você de meus julgamentos e olhar para essa questão de maneira diferente. Minha nova história é _____.

Agora prometo fazer o meu melhor para aceitá-lo como você é e a procurar e encontrar beleza e perfeição neste hábito que tanto me incomodou no passado.

Por favor, me perdoe por todas as vezes em que culpei, envergonhei, julguei ou incomodei você por causa disso.

Obrigada por tudo que você faz para tornar nossa vida maravilhosa.

Com amor, _____

Obs: Se eu começar a deslizar (sei que também não sou perfeita), lhe dou permissão para gentilmente me relembrar des- . te voto simplesmente perguntando a mim: "Cadê o Amor Wabi Sabi?"

Passo 12: Convide Deus para seu relacionamento

Iniciar uma prática diária de gratidão é a maneira mais fácil de trazer consciência espiritual para sua vida. As propriedades de cura da gratidão afastam as mágoas. Na verdade, quando você está num estado de gratidão, é impossível sentir medo. Ela literalmente tira seus pensamentos do que não é possível para aquilo que é. A gratidão também a deixa mais sintonizada com o Poder Superior, que podemos acessar e trazer para nosso relacionamento a qualquer momento.

Passo 13: Acrescente uma pitada de tempero e aventura

Uma maneira de estimular o romance em seu relacionamento é através da da união e do poder de uma dose de adrenalina. Seja com um filme de terror, saltando de *bungee jump*, fazendo raftings ou andando de uma montanha-russa, planeje uma aventura com seu querido e tentem algo novo e aventureiro.

Passo 14: Pratique o perdão para si mesma e seu parceiro

O perdão é um presente que damos a nós mesmos, para que fiquemos com a consciência tranquila. Isso não significa que esqueçamos ou permitimos que pessoas ou situações tóxicas permaneçam em nossas vidas. Não é um processo de reconciliação, e sim de se estar disposta a se livrar da mágoa, da raiva e dos ressentimentos. Fred Luskin ensina que o perdão leva a sentimentos mais elevados de esperança, paz, compaixão e autoconfiança. "Se trataram você mal, e você não se curou realmente, você vai confiar menos, ficar mais na defensiva e ser mais briguenta", explica Luskin.

O pastor e autor Rick Warren diz que o ressentimento é "uma ferida autoprovocada. Quando você guarda ressentimentos, você sempre se machuca mais do que a pessoa com quem você está ressentida. Na verdade, enquanto você ainda está se preocupando com uma coisa que aconteceu anos atrás, ela já até esqueceu! Seu passado é passado, e ele não pode magoá-la mais a não ser que você fique presa a ele."

Um estudo da Universidade Duke mostrou que perdoar e se libertar de velhos ressentimentos reduz os níveis de depressão, ansiedade e raiva. Pessoas que perdoam tendem a ter melhores relacionamentos, se sentir mais felizes e otimistas em geral e ter mais bem-estar psicológico. Uma maneira de começar seria praticar o processo de perdão do Ho'oponopono, encontrado neste capítulo.

O PODER DE CURA DO AMOR

Passo 15: Se abra à vulnerabilidade

Se você explorasse o interior de um cérebro humano, aposto que encontraria as emoções de medo e vulnerabilidade lado a lado. É assustador se abrir de novas maneiras, porque você não tem experiência para saber o que vai acontecer se o fizer. Tantos de nós nos fechamos como ato de autoproteção acreditando que o mal que já conhecemos é provavelmente melhor que o bem que podemos vir a conhecer se nos tornarmos vulneráveis. A vulnerabilidade, entretanto, é o único caminho para a intimidade. E a intimidade é a cola de um relacionamento duradouro.

Pratique compartilhar apenas uma pequena coisa com seu parceiro que você possa não ter compartilhado por medo da reação dele. Pode ser algo simples, como dar a sua opinião sobre alguma coisa do noticiário ou sobre um filme que viram juntos. A única maneira de chegar a algo novo é se comportando de um jeito novo. Seu parceiro pode até surpreender você agindo de forma diferente também.

Passo 16: Faça o exercício da intimidade para se aprofundar e reconectar

Reserve noventa minutos para passar a sós com seu parceiro e se revezem fazendo um para o outro as trinta e seis perguntas do exercício de intimidade do Capítulo Oito. Depois de terem respondido a todas as perguntas, sentem-se ou fiquem de pé um de frente para o outro e se olhem nos olhos em silêncio durante quatro minutos.

Demore o que for preciso com este programa de renovação. Você pode ter alguns contratempos, o que é normal quando se tenta algo novo. Uma mudança de hábitos não é algo que acontece do dia para a noite, mas às vezes epifanias acontecem. Esses passos vão acelerar o processo de transformar seu parceiro em sua alma gêmea. Siga-os e observe o que acontece em seguida!

IMPERFEITA E FABULOSA

Parabéns. Você chegou até aqui. Se não notou ainda, a vida a dois trata-se apenas desse amor complicado, suado e louco. A estrada nunca é perfeita. Nada é. Nós seres humanos podemos ter nossos defeitos, mas isso não significa que não podemos ter relacionamentos fabulosos.

A autora e curandeira energética Courtney A. Walsh escreve sobre o amor, a vida e todas as coisas maravilhosas. Uma de suas cartas mais famosas chama-se "Querido Humano":

Querido Humano:

Você entendeu tudo errado. Você não veio até aqui para dominar o amor incondicional. Isso é de onde você veio e para onde vai voltar. Você veio aqui para aprender o amor pessoal.

Amor universal. Amor complicado. Amor suado. Amor louco. Amor partido. Amor completo.

Cheio de divindade. Vivido pela graça de errar. Demonstrado pela capacidade de... estragar tudo. Frequentemente.

Você não veio até aqui para ser perfeito. Você já o é. Você veio até aqui para ser maravilhosamente humano. Imperfeito e fabuloso.

Para então voltar aos céus novamente.

Mas amor incondicional? Pare de contar esta história. O amor, na verdade, não precisa de NENHUM outro adjetivo. Ele não precisa de variações. Ele não precisa de condições perfeitas. Ele só pede que você compareça. E faça o seu melhor. Que permaneça presente e sinta tudo completamente.

Que você brilhe e voe e ria e chore e se machuque e se cure e caia e se levante novamente e brinque e trabalhe e viva e morra como VOCÊ.

É suficiente. É bastante.

Absorva o poder das palavras de Courtney. Imprima sua mensagem como um lembrete quando você esquecer que realmente não há problema em ser imperfeita e fabulosa. Coloque-a na sua mesa de trabalho, no espelho do seu banheiro, ou na porta de seu quarto. Lembre-se de que o amor não precisa de adjetivos. Amor é amor. É de onde você veio. É o lugar para o qual todos iremos voltar.

O objetivo é viver o amor agora, da melhor maneira que você puder.

CRIANDO SUA VIDA DE AMOR

A conversa mais importante no mundo é a que temos dentro de nossas cabeças todos os dias. E, infelizmente, segundo cientistas, temos cerca de sessenta mil pensamentos por dia. Isso significa que todos os dias, a maioria das pessoas têm mais de quarenta e cinco mil pensamentos negativos. Já foi provado que "nossas crenças se tornam nossa biologia". Cada pequeno detalhe de nossas vidas é diretamente afetado por nossos pensamentos. Portanto, nosso diálogo interno impacta cada área de nossa vida, da nossa saúde às nossas finanças, à nossa vida amorosa.

Num artigo da *Redbook*, Hannah Hickock cita a psicóloga Vagdevi Meunier, fundadora do Center for Relationships: "Se você diz a si mesma coisas irremediáveis, negativas ou cheias de julgamento [sobre seu cônjuge], está na verdade tendo um relacionamento mais forte com seu parceiro dentro da sua cabeça que com a pessoa real." Hickock completa: "Ter uma conversa interior mais positiva, vulnerável e empática — com o parceiro em sua cabeça *e* em sua vida — pode reestruturar sua dinâmica. Em outras palavras, em vez de se perguntar *Ainda o amo?*, eu penso *O amo porque escolho ver todas as coisas que o tornam maravilhoso.*"

Isso requer que nos tornemos adultas e estejamos dispostas a sermos maduras. É uma questão de administrar nossos pensamentos, crenças e emoções. Ao deixar nossa mente ter conversas negativas continuamente a respeito de nosso parceiro, criamos uma situação venenosa e invencível.

Presumindo que seu relacionamento não seja marcado pelo abuso, vício ou mau comportamento intolerável (coisas que requerem aconselhamento profissional), cabe a você realmente resolver se tornar uma "aluna do amor" e dar os pequenos passos necessários para criar uma nova perspectiva e reacender seu amor e paixão. Você agora tem inúmeras maneiras de impactar positivamente o futuro de seu relacionamento. A grande notícia é que só depende de você — uma pessoa — para começar a caminhar na direção certa.

Quando você inicia o processo, provavelmente seu parceiro vai reagir de maneiras que vão agradá-la e surpreendê-la.

É possível uma mudança verdadeira, e você pode fazer dela um processo divertido e agradável. Pense assim: imagine que durante os últimos cinco, dez ou vinte anos (talvez mais) você tenha tido um grande aquário em sua sala de estar. Quando você o instalou, tudo era novo e lindo. Você encheu seu aquário de água fresca e peixes coloridos, e durante um tempo se lembrou de esvaziá-lo e limpá-lo regularmente. Seu aquário era o ponto focal de seu lar. Toda noite, com uma taça de vinho na mão, você e seu querido se sentavam no sofá e observavam os movimentos sensuais dos peixes nadando de um lado para o outro enquanto ouviam os ruídos do filtro. Ao longo dos anos, você ficou ocupada demais com o trabalho, as crianças, e a vida em geral, e finalmente a água do aquário ficou suja. O vidro começou a ficar cheio de limo e os peixes começaram a morrer. Quando você tirou um minuto para realmente olhar para o aquário, você se perguntou se devia finalmente se livrar dele ou gastar tempo para trazê-lo de volta à vida.

Se você leu até agora, provavelmente está realmente pronta para reativar seu aquário. Você está agora preparada para considerar trazer seu relacionamento de volta à vida. Se você ainda está cem por cento comprometida a melhorar seu relacionamento, pense nisso: mais de cinquenta por cento dos primeiros casamentos nos Estados Unidos, 67 por cento dos segundos e 73 por cento dos terceiros terminam em divórcio. Por quê? Muitas vezes porque não aprendemos as lições do passado e cometemos os mesmos erros repetidas vezes, criando conflitos similares.

Apesar de eu ainda não ter inventado a varinha mágica que vai tornar seu parceiro em sua alma gêmea, isso pode acontecer num transformador instante de Amor Wabi Sabi. Relembre a história de Stephanie e Garth. Quando Stephanie se deu conta de que "Garth soltava pelos", seu relacionamento passou de medíocre para ótimo. Na história sobre Inga e Jack Canfield, quando Inga resolveu ser o "posto de reabastecimento" de Jack, ela transformou radicalmente seu comprometimento com o relacionamento. Ao fazer isso, Inga não só criou um novo catalisador para seu amor e casamento; ela também praticou o que meu amado Brian chama de "matemática da alma gêmea". Na aritmética básica, um mais um é igual a dois. Na matemática da alma gêmea, um mais um é igual a onze e seu amor abençoa o mundo.

Transformar seu parceiro em sua alma gêmea é um processo que requer atenção diária, quando não um esforço minuto a minuto quando precisamos nos lembrar de *escolher o amor*. Escolher o amor é quando percebemos que a felicidade de nosso parceiro é tão importante para nós quanto nossa própria felicidade, e que estamos comprometidos a compartilhar com aquela pessoa nosso apreço, afeto e atenção.

Uma maneira de *escolher o amor* é praticar generosidade e bondade. Um estudo analisando o papel da generosidade no casamento feito pelo *National Marriage Project* da Universidade da Virgínia, descobriu que a virtude de dar a um cônjuge boas coisas livre e abundantemente é uma maneira de os casais construírem uma parceria forte e estável. As questões do estudo foram dirigidas para três áreas. Cônjuges ofereciam pequenas gentilezas um para o outro? Eles expressavam afeto regularmente? Eles conseguiam perdoar? É claro que pequenas doses diárias de gentileza e generosidade podem ter um grande impacto no nível de felicidade de seu relacionamento.

Uma coisa sobre a qual tenho 98 por cento de certeza é a seguinte: seu parceiro não acordou esta manhã pensando: "Como posso enlouquecer minha esposa hoje?!" Assim como você e eu, nossos parceiros querem ser amados e aceitos pelo que eles são — com seus defeitos e tudo. Quando aprendemos a mudar nossa percepção sobre eles e aceitá-los como os seres humanos cheios de defeitos e amáveis que eles são, todos ganham no amor, e o prêmio para vocês dois é um amor maior e mais delicioso que qualquer coisa que você jamais tenha imaginado.

Uma vida ao lado de sua alma gêmea é uma deliciosa sopa de química, comunicação, compatibilidade, conexão, vulnerabilidade e a escolha de usar nossas lentes cor-de-rosa. Todos queremos e precisamos de um parceiro que vá ser nosso amante, melhor amigo, aliado e porto seguro. Queremos alguém com quem podemos ser nós mesmos completamente, alguém que vá nos amar em nossos dias bons — e principalmente — nos ruins também. Quando nos surpreendermos notando e até cismando com as imperfeições de nosso parceiro, devemos nos lembrar de parar, administrar nossos pensamentos e reorganizá-los de maneira positiva.

E se você está realmente empacada em negatividade, pense na minha frase favorita de *A Course in Miracles*: "A única coisa que pode faltar em qualquer situação é aquela que você não está dando." Pergunte a si mesma se talvez, apenas talvez, você está disposta, naquele momento, a se libertar de qualquer julgamento que possa estar fazendo e permita-se ser mais acolhedora, amável, gentil e compassiva.

Ao longo destas páginas, as verdades essenciais sobre o que casais felizes fazem para manter a chama de seu amor acesa e forte foram esclarecidas. As lições são simples; no entanto, os resultados podem transformar vidas.

- Expresse seu amor e afeto frequentemente.
- Mostre que você se importa. São os pequenos gestos que carregam todo o significado.
- Aprenda a amar o que seu parceiro ama para que possa participar de algumas das paixões dele.
- Pratique a vulnerabilidade e abra-se com autenticidade e honestidade, sempre com muito amor, gentileza e generosidade.
- Lembre-se de encontrar a beleza e a perfeição nas imperfeições.

A escolha é sua. Você agora sabe o que é uma verdadeira alma gêmea, e, apesar da sua não ter chegado com um "manual de instruções" pessoal, meu sonho é que este livro sirva como um guia e um lembrete para que vocês naveguem por esta viagem de amor — juntos.

Agradecimentos

A ideia para este livro veio numa conversa com minha incrível amiga Lisa Sharkey. *The Soulmate Secret* (O segredo da alma gêmea) havia acabado de ser lançado. Ela me parabenizou e então disse: "É maravilhoso que tenha escrito um livro para solteiros, mas da próxima vez me diga como transformar meu parceiro em alma gêmea." Aquela ideia ficou rondando minha cabeça durante anos, e o resultado é o livro que está agora em suas mãos.

Existem literalmente dúzias de pessoas por cujo amor e apoio sou grata. Minha irmã, a fabulosa Debbie Ford: seus sussurros e direcionamento "do outro lado" chegaram claramente. Christine Hohlbaum, minha amiga e editora, que trabalhou junto a mim (mesmo estando na Alemanha): eu não teria conseguido sem você; suas habilidades criativas, comprometimento e energia vibrante estão evidentes em cada página. Nick Ortner: um grande agradecimento por ter me incentivado durante minha resistência inicial em escrever este livro.

Sou incrivelmente grata pelas almas destemidas que compartilharam de sua sabedoria, pesquisas e histórias comigo, incluindo Carol Allen, Alison Armstrong, Dr. Arthur Aron, Heide Banks, Gabrielle Bernstein, Mat Boggs, Brené Brown, Inga e Jack Canfield, Carlos Cavallo, Gary Chapman, Diane V. Cirincione e Jerry Jampolsky, Otto e Susie Collins, Panache Desai, Hale Dwoskin, Donna Eden e David Feinstein, rabino Baruch Ezagui, dra. Helen Fisher, Elizabeth Gilbert, Vivian Glyck, dr. John Gottman, John Gray, Gay e Kathlyn Hendricks, Harville Hendrix e Helen LaKelly Hunt, reverenda Cynthia James, Matt Licata, Lana Love e David Almeida, Fred Luskin, Jill Mangino e Ray Dunn, Peggy McColl e Denis Beliveau, Pujya Swamiji, Stephanie Reed, Lynn Rose e Bob Doyle, Sadhvi Bhagawati Saraswati, Linda Sivertsen, Katherine Woodward Thomas, Joe Vitale, Neale Donald Walsch, Courtney A. Walsh, e Marianne Williamson.

Para minha equipe dos sonhos na HarperElixir, Claudia Boutote, Gideon Weil, Mark Tauber, Melinda Mullin, Laina Adler, Jenn Jensen, Suzanne Quist, Terri Leonard, Hilary Lawson, e Adrian Morgan: obrigada por seu amor, criatividade e apoio para com este livro.

Para meu anjo das relações públicas, Jill Mangino: obrigada por sempre se importar e por procurar maneiras de levar a notícia. Para Rita Curtis: tenho um débito com você por lançar e apoiar minha carreira como palestrante. Você é uma joia e uma boa amiga.

Para minha família na Evolving Wisdom, Claire Zammit, Craig Hamilton e toda a equipe: obrigada pela diferença que estão fazendo no mundo e por me convidarem para o círculo; me sinto honrada por ser parte de um grupo de almas evoluídas tão talentoso e dedicado.

Para Doc Childre, Deborah Rozman, Howard Martin e todos do HeartMath Institute: muita gratidão para vocês por suas pioneiras e inovadoras contribuições no campo da inteligência do coração; vocês mudaram e impactaram positivamente minha vida de grandes e pequenas maneiras.

Para minha mãe, Sheila Fuerst: infinitas bênçãos pela luz de amor brilhante que você sempre traz a nós.

Finalmente, para minha alma gêmea e amado, Brian Hilliard, que me apoiou neste processo do começo ao fim: não tenho palavras para descrever meu profundo amor e agradecimento pelo amor constante e cuidado que recebo de você, momento a momento; obrigada por me amar como você o faz; obrigada por sempre ser meu porto seguro; eu te amo.

Fontes

(Todos os sites indicados estão em inglês.)

CAROL ALLEN é uma astróloga védica feliz no casamento, *coach* de relacionamentos e autora de *Love is in the Stars: The Wise Woman's Astrological Guide to Men* (O amor está nas estrelas: O guia astrológico sobre os homens para mulheres sábias). Carol já apareceu no canal E!, no programa *Bridezillas*, *Extra* e *Dr. Drew's Lifechangers*. Quer você queira aprofundar um relacionamento ou curar padrões amorosos antigos, molde seu destino romântico com a *newsletter* grátis de Carol, seu catálogo de livros, relatórios astrológicos personalizados e programas.
www.loveisinthestars.com

ALISON ARMSTRONG explora os bons motivos por trás dos comportamentos de homens e mulheres, como as diferenças fundamentais nas maneiras com que pensamos, agimos e nos comunicamos. Ela oferece soluções simples baseadas na parceria para melhorar nossa comunicação e intimidade, honrando a nós mesmos e aos outros. Alison é conhecida por seus insights, senso de humor e habilidade de articular a experiência humana e questões de gênero.
www.understandmen.com

HEIDE BANKS ajuda pessoas a se libertarem de mágoas e relacionamentos passados para que elas possam avançar em suas vidas e experimentar mais amor, alegria e realização. Existem muitas coisas invisíveis que prejudicam nossa habilidade de ter sucesso em nossos relacionamentos. Heide trabalha energética e psicologicamente, com base em mais de vinte anos de experiência como *coach* de relacionamentos para identificar esses padrões e ajudar as pessoas a se livrarem deles, para que sejam livres para experimentar o amor que foram destinadas a ter.

about.me/HeideBanks

GABRIELLE BERNSTEIN foi chamada de "nova líder do pensamento" por Oprah Winfrey. Ela aparece regularmente como especialista no programa do Dr. Oz e foi chamada de "novo exemplo" pelo *The New York Times*. Gabrielle é autora dos best-sellers do *The New York Times*, *May Cause Miracles* e *Milagres Já*. Seus outros títulos incluem *Add More ing to Your Life* (Adicionar mais ação em sua vida) e *Spirit Junkie* (Quebrando o código masculino). Gabrielle, uma "ativista espiritual", recentemente se juntou a Deepak Chopra para organizarem em conjunto a maior meditação em grupo para o livro dos recordes *Guinness Book*. Para saber mais sobre o trabalho de Gabrielle, visite www.gabbyb.tv, ou entre em sua comunidade que incentiva mulheres a se empoderarem, inspirarem e se conhecerem em www.herfuture.com

MAT BOGGS é coautor do best-seller *Project Everlasting* (Projeto Eterno) e criador de *Cracking the Man Code* (Quebrando o código masculino). Ele apareceu no *The Today Show*, no *Headline News* da CNN, *Showbiz Tonight*, na Style Network e muito mais. Como orador aclamado e *coach* do amor, Matt se especializa em ajudar as mulheres a "manifestarem seu homem" e a atrair o relacionamento que desejam.

www.crackingthemancode.com

OTTO e SUSIE COLLINS são almas gêmeas, cônjuges, autores, oradores e *coaches* comprometidos a ajudar pessoas do mundo todo a levarem mais amor, intimidade, paixão e conexão para seus relacionamentos e vidas. Seus títulos sobre amor e relacionamentos incluem *Red Hot After 50* (Bem quente depois dos 50), *Hypnotize His Heart* (Hipnotize o coração de seu parceiro) e *Magic Relationship Words* (Palavras mágicas da relação). Para saber mais sobre Susie e Otto e seus conhecimentos sobre relacionamentos e a vida, visite www.collinspartners.com

FONTES

PANACHE DESAI é um líder do pensamento contemporâneo cujo dom de vibração transformativa já cativou milhares de pessoas no mundo todo. Sem alinhamento com nenhuma tradição religiosa ou tradicional, ele age como uma linha direta até a consciência divina, empoderando pessoas a se libertarem da dor, sofrimento, tristeza e crenças limitadoras.
www.panachedesai.com

HALE DWOSKIN é autor do best-seller do *The New York Times*, *The Sedona Method* (O método Sedona) e apareceu no filme *Começar de Novo*. Ele é diretor executivo e diretor de treinamento do Sedona Training Associates, uma organização que ministra cursos baseados nas técnicas de libertação emocional inspiradas por seu mentor, Lester Levenson. Hale dá palestras internacionalmente e é membro do Esalen e do Omega Institute. Ele também é um dos 24 professores que aparecem no livro e filme fenômenos *O Segredo*, assim como membro fundador do Tranformational Leadership Council. Há mais de três décadas ele ensina o Método Sedona regularmente a indivíduos e corporações dos Estados Unidos e Reino Unido, e tem dado treinamentos e organizado retiros desde o começo dos anos 1990. Ele também é coautor, junto com Lester Levenson, de *Happiness is Free: And Its Easier Than You Think!* (A felicidade é liberada: E acontece mais fácil do que você imagina) (uma série de cinco livros).
www.sedona.com

Durante seus trinta e nove anos juntos, DONNA EDEN e DAVID FEINSTEIN construíram a maior e mais vibrante organização do mundo ensinando a Cura pela Fé. Seus mais de mil e cem praticantes certificados estão servindo milhares de clientes e ministrando centenas de cursos nos Estados Unidos, Canadá, América Latina, Europa, Ásia e Austrália. Juntos, eles escreveram quatro livros premiados, incluindo o mais recente, sobre seu assunto favorito, *The Energies of Love* (A energia do amor). Donna está entre as mais procuradas, exultantes e competentes representantes da Cura pela Fé, e suas habilidades de cura são lendárias. Saiba mais em www.learnenergymedicine.com. David, psicólogo, é um pioneiro e líder em *Energy Psychology*. Saiba mais em www.energypsyched.com.

BARUCH EZAGUI é diretor da organização Chabad, em La Jolla, Califórnia. Chabad, acrônimo judaico para "sabedoria, compreensão e conhecimento", é um movimento judaico, intelectual e místico, iniciado há mais de 250 anos como uma vertente do *Hasidism*. Sua visão global é inspirar toda a humanidade a encontrar seu denominador comum mais elevado e encontrar o céu na terra. Com aproximadamente cinco mil centros em todo o planeta, ele busca responder a necessidades religiosas, sociais e humanitárias pelo mundo. Ezagui é comprometido a ajudar indivíduos de qualquer origem a alcançarem seu potencial.
www.chabadoflajolla.com

HELEN FISHER, OH.D., professora na Universidade Rutgers, é antropóloga e uma das maiores especialistas e pesquisadoras do mundo em amor e química cerebral.
www.theanatomyoflove.com

VIVIAN GLYCK é fundadora da fundação *Just Like My Child* e criadora do *Girl Power Project*, um programa educacional focado em manter um milhão de garotas em situação de vulnerabilidade a salvo de estupros, doenças, gravidez precoce e de abandonar os estudos.
www.justlikemychild.org

JOHN GOTTMAN e sua esposa Julie são fundadores do Instituto Gottman, uma organização de renome internacional dedicada a combinar o conhecimento de mais de quatro décadas de pesquisas e prática para apoiar e fortalecer casamentos e relacionamentos oferecendo oficinas e recursos para casais, famílias e profissionais. O Método Gottman usa uma abordagem prática para ajudar casais a romperem barreiras para alcançar mais compreensão, união e intimidade em seus relacionamentos.
www.gottman.com

JOHN GRAY, conselheiro de relacionamentos, palestrante e autor, já escreveu dezessete livros sobre relacionamentos e crescimento

FONTES

pessoal, incluindo um dos maiores best-sellers da história, *Homens são de Marte, Mulheres são de Vênus*. Em seu site, você vai aprender novas habilidades para melhorar a comunicação e conseguir o que você quer em seus relacionamentos, dentro e fora do quarto. Além de competências para relacionamentos, você também aprenderá a acrescentar os nutrientes importantes à sua dieta para aumentar sua energia, dormir melhor, equilibrar seus hormônios, aumentar sua libido e um humor melhor. Esse aspecto nutricional é essencial para uma vida de amor e paixão.
www.marsvenus.com

HEARTMATH é líder mundial nas áreas de avaliação da frequência cardíaca, stress e bem-estar. A HeartMath e sua empresa-irmã, a organização sem fins lucrativos HearthMath Institute, passaram mais de duas décadas pesquisando e educando profissionais e consumidores sobre os efeitos da variabilidade da frequência cardíaca e treinamento de coerência cardíaca, assim como seus papéis no alívio do stress, autorregulação emocional e melhor performance e bem-estar. Eles desenvolveram ferramentas e tecnologias com base em pesquisas que permitem que as pessoas regulem suas emoções e melhorem sua qualidade de vida.
www.heartmath.com

GAY e KATHLYN HENDRICKS oferecem seminários ao vivo e virtuais sobre as principais habilidades do amor consciente e do viver consciente. Uma característica-chave que distingue seu trabalho é um foco na inteligência corporal, usando as habilidades orgânicas da respiração, movimento e comunicação autêntica para criar uma experiência de bem-estar e intimidade.
www.hendricks.com

HARVILLE HENDRIX, PhD, e HELEN LAKELLY HUND, PhD, criaram juntos a Imago Relationship Theory and Therapy, praticada por mais de mil e duzentos terapeutas de Imago em trinta e sete países, e escreveram dez livros, incluindo três best-sellers do *The New York*

Times. Essa equipe, formada por marido e esposa há trinta e dois anos, fundou recentemente uma organização sem fins lucrativos que oferece educação sobre relacionamentos gratuitamente através das oficinas *Safe Conversations*, que buscam interromper o ciclo de pobreza, garantir melhor saúde e segurança econômica para famílias, reduzir a violência e fortalecer comunidades.

www.harvilleandhelen.com

www.familywellnessdallas.org/#home

CHRISTINE HOHLBAUM é uma oradora sobre práticas de gerenciamento do tempo, blogs e uma gama de assuntos relativos a estilo de vida. No *TEDxLinz*, na Áustria, ela falou sobre o movimento *Slow*, baseado em sua última publicação, *The Power of Slow: 101 Ways to Save Time in Our 24/7 World* (O poder de desacelerar: 101 maneiras de poupar tempo em nosso mundo acelerado). Ela trabalha como autora e consultora de RP em Freiburg, Alemanha.

www.powerofslow.com

CYNTHIA JAMES é uma oradora transformacional, professora e *coach*, cujo trabalho ajuda pessoas a passarem de sobrecarregadas de trabalho para portadoras de uma duradoura saúde mental, corporal e espiritual. Suas técnicas emocionais ajudam pessoas a ativar o poder da escolha. A mudança de padrões de pensamentos e comportamentos cria um equilíbrio pessoal e profissional. Clientes saem consistentemente sentindo-se mais atentos, confiantes e esclarecidos. Eles são despertados para o poder inerente dentro deles e para como podem fazer diferença no mundo.

www.cynthiajames.net

JERRY JAMPOLSKY, MD, e DIANE CIRINCIONE-JAMPOLSKY, PhD, autores best-sellers, compartilham seu trabalho histórico de Cura Atitudinal através de seus livros, CDs, DVDs, *podcasts*, artigos e eventos.

www.ahinternational.org

MATT LICATA, PhD, é psicoterapeuta particular em Boulder, Colorado, onde trabalha pessoalmente e via Skype com pacientes e

FONTES

clientes do mundo todo. Ele é editor do blog *A Healing Space* e trabalha no mercado editorial há mais de vinte anos.
www.mattlicataphd.com

LANA LOVE e DAVID ALMEIDA têm um *talk show* na internet chamado *Universal Soul Love*. Eles dizem: "O *Universal Soul Love* é um projeto humanitário comprometido a elevar a vibração consciente da humanidade. *Universal Love*, ou amor universal, não é apenas uma expressão de amor incondicional por um indivíduo. É uma experiência em grupo de um amor elevado compartilhado por muitas pessoas. O amor universal é gentileza, compaixão e empatia por todos os seres vivos. Esta alta vibração permite uma maior expansão da conscientização e suporta o plano divino do universo."
www.universalsoullove.com
www.bbsradio.com/universalsoullove

FRED LUSKIN é um dos maiores pesquisadores e professores sobre o perdão no mundo. Autor do best-seller *Forgive for Good: A Proven Prescription for Health and Happiness* (Perdoar para melhorar: Uma prescrição comprovada para a saúde e felicidade), ele é professor de psicologia clínica no Institute of Transpersonal Psychology e dirige o Stanford Forgiveness Project há vinte anos.
learningtoforgive.com

JILL MANGINO é presidente da Circle3Media, uma agência butique de relações públicas e mídia consciente. Ela mora com seu noivo, Ray, e seus seis bebês peludinhos na zona rural de Nova Jersey.
www.circle3media.com

PEGGY MCCOLL é uma autora best-seller do *The New York Times* que já escreveu dez livros. Ela é reconhecida como uma especialista em ajudar autores a escreverem seus livros, transformá-los em best--sellers e ganhar dinheiro fazendo o que amam. Ela é conhecida como "fábrica de best-sellers".
www.peggymccoll.com

NICK ORTNER é autor best-seller do *The New York Times* e criador e produtor executivo do documentário de sucesso *The Tapping Solution*. Ele também produziu o Tapping World Summit, um evento online mundial anual que já foi visitado por mais de cem mil pessoas. Ortner é um orador dinâmico, que apresenta sessões inovadoras de *tapping* ao vivo por todo o mundo. Ele mora em Newtown, Connecticut, com sua esposa Brenna e sua filha. www.thetappingsolution.com

LYNN ROSE é especialista em "WOW Performance" na vida, negócios e eventos. Vista na CBS, NBC e FOX, entre outras emissoras como apresentadora de TV, Lynn já apresentou celebridades por todo o mundo. Como diretora executiva de um negócio de centenas de milhares de dólares, ela é conhecida como o "ingrediente especial" para líderes da indústria por causa de sua experiência com mídia e marketing. Ela traz consigo um entretenimento enérgico, é mestre de cerimônias e faz treinamentos empoderadores para centenas de milhares em todo o mundo. Seus clientes incluem as corporações Fortune 500, organizações empreendedoras e eventos. www.lynnrose.com

SADHVI BHAGAWATI SARASWATI, PhD, é presidente da Fundação Divine Shakti, levando educação e empoderamento para mulheres e crianças; secretária-geral da Global Interfaith WASH Alliance; e diretora do Festival Internacional de Ioga. Sadhviji se formou na Universidade de Stanford e mora em Parmarth Niketan, Rishikesh, Índia, há quase vinte anos com seu guru, Pujya Swami Chidanand Saraswatiji, onde ela dá discursos espirituais, aconselhamentos e treinamentos e cuida de diversos programas de caridade. www.sadhviji.org

MARK SIRCUS, AC., OMD, DM (P), é acupunturista e médico de medicina oriental e pastoral. Há muitos anos o dr. Sircus pesquisa a condição humana e as causas das doenças; ele já destilou muitos dos

diversos sistemas médicos numa nova forma de medicina que ele chama de *Natural Allopathic Medicine*.
www.drsircus.com

KATHERINE WOODWARD THOMAS, MA, MFT, é autora dos best--sellers *Calling in "The One": 7 Weeks to Attract the Love of Your Life* (Atraindo seu "Escolhido": Como atrair o amor da sua vida em sete semanas) e *Conscious Uncoupling: 5 Steps to Living Happily Even After* (Separação conciente: Cinco passos para viver feliz e para sempre). Seus seminários presenciais e virtuais já ajudaram dezenas de milhares de pessoas a encontrarem e manterem um amor de alma gêmea ou, conforme for apropriado, a terminarem seus relacionamentos românticos com amor e honra.
www.katherinewoodwardthomas.com

JOE VITALE é autor de diversos best-sellers incluindo *The Attractor Factor* (O fator atração), *Life's Missing Instruction Manual* (O manual XXXXXXX da instruções da vida), *A Chave: O Segredo que Faltava para Você Atrair Tudo o que Quiser*, *Faith* (Fé), *Attract Money Now* (Atraia o dinheiro agora) e *Marco Zero: A busca por milagres por meio do Ho'oponopono*, sequência de seu best-seller *Limite Zero: O sistema havaiano secreto para prosperidade, saúde, paz e mais ainda*. Ele criou o programa *Miracles Coaching* e ajuda pessoas a realizarem seus sonhos ao entender os aspectos mais profundos da Lei da Atração e da *Law of Right Action*. Este homem já viveu nas ruas, mas hoje é um autor de best-sellers que acredita em mágica e em milagres.
www.joevitale.com

NEALE DONALD WALSCH já escreveu extensivamente a respeito de relacionamentos e o papel da alma em nossas vidas na série *Conversando com Deus*. Diversos outros livros explicam e estendem sua mensagem. Ele explora regularmente estes assuntos e os discute pessoalmente com qualquer pessoa que queira em www.cwgconnect.com.

COURTNEY A. WALSH é autora, oradora, blogueira, canalizadora de espíritos, médium, curandeira energética e personalidade das mídias sociais. Seu manifesto pelo amor, chamado de "Querido Humano", viralizou e foi compartilhado por mais de dez milhões de pessoas no mundo todo. Ela fala sobre prevenção de suicídios, bem-estar baseado na plenitude, conscientização sobre *bullying* e empoderamento para todos.

www.squeezingthestars.com

MARIANNE WILLIAMSON é uma autora espiritual e palestrante aclamada internacionalmente. Seis dos seus onze livros já foram best-sellers do *The New York Times*. *A Return to Love* (Retorno ao amor) é considerado leitura obrigatória na área da Nova Espiritualidade. O parágrafo deste livro que começa com "Nosso maior medo não é que sejamos inadequados. Nosso maior medo é que somos poderosos demais." é considerado um hino para a geração contemporânea dos que buscam algo mais.

www.marianne.com

Notas

1. Bob Grant, "Male and Female Brains Wired Differently", *The Scientist*, 4 de dezembro de 2013, http://www.the-scientist.com/?articles.view/articleNo/38539/title/Male-and-Female-Brains-Wired-Differently/.

2. J. K. Rempel, J. G. Holmes, e M. P. Zanna, "Trust in Close Relationships", *Journal of Personality and Social Psychology 49*(1) (Julho de 1985): 95–112.

3. Brené Brown, "Listening to Shame", Ted Talk, Março 2012, https://www.ted.com/talks/brene_brown_listening_to_shame.

4. Baixe uma versao em *eBook* grátis do livro, que foi renomeado de *The Everything Book: The Essential Details About the One You Love*, em www.soulmatesecret.com/everything.

5. K. T. Buehlman, J. M. Gottman, e L. F. Katz, "How a Couple Views Their Past Predicts Their Future", *Journal of Family Psychology 5*(3–4) (Março/Junho de 1992): 295–318.

6. Yanki Tauber, "What Is a Soul?" http://www.chabad.org/library/article_cdo/aid/3194/jewish/What-is-a-Soul.htm

7. O seguinte é baseado na história pessoal de Donna Eden e David Feinstein conforme relatada em seu livro, *The Energies of Love: Using Energy Medicine to Keep Your Relationship Thriving* (New York: Tarcher/Penguin, 2014).

8. http://bbsradio.com/universalsoullove.

9. Emily Esfahani Smith, "Science Says Lasting Relationships Come Down to Two Basic Traits", *The Atlantic*, 9 de novembro de 2014, http://www.businessinsider.com/lasting-relationships-rely-on-2-traits-2014-11.

10. Sandra Murray, et al., "Tempting Fate or Inviting Happiness? Unrealistic Idealization Prevents the Decline of Marital Satisfaction", *Psychological Science*, April 2011, doi: 10.1177/0956797611403155.

11. Mark Banschick, "The High Failure Rate of Second and Third Marriages", *Psychology Today*, 6 de fevereiro de 2012, https://www.psychologytoday.com/blog/the-intelligent-divorce/201202/the-high-failure-rate-second-and-third-marriages.

12. Entrevista com Marianne Williamson na *Art of Love Relationship Series*, 2013.

13. Marianne Williamson, *Illuminata: A Return to Prayer* (New York: Riverhead, 1994), pp.158–60.

14. *Foundation for Inner Peace, A Course in Miracles* (Mill Valley, CA: Foundation for Inner Peace, 1992), p. 28.

15. Leil Lowndes, "How Neuroscience Can Help Us Find True Love", *The Wall Street Journal* (Speakeasy), 14 de fevereiro de 2013, http://blogs.wsj.com/speakeasy/2013/02/14/how-neuroscience-can-help-us-find-true-love//.

16. D. G. Dutton e A. P. Aron, "Some Evidence for Heightened Sexual Attraction Under Conditions of High Anxiety", *Journal of Personality and Social Psychology 30*(4) (Outubro de 1974): 510–17.

17. Arthur Aron, et al., "The Experimental Generation of Interpersonal Closeness: A Procedure and Some Preliminary Findings", Personality and Social Psychology Bulletin 23(4) (Abril de 1997): 363–77.

18. Mandy Len Catron, "To Fall in Love with Anyone, Do This", *The New York Times*, 9 de janeiro de 2015, http://mobile.nytimes.com/2015/01/11/fashion/modern-love-to-fall-in-love-with-anyone-do-this.html?referrer&_r=1.

19. Carissa Ray, "Can 36 Questions Help You Fall Back in Love? Putting Our Marriage to the Test", *Today*, 22 de janeiro de 2015, http://www.today.com/health/can-36-questions-help-you-fall-back-love-putting-our-2D804384.36.

20. Brené Brown, "The Price of Invulnerability", TedxTalks, 12 de outubro de 2010, http://tedxtalks.ted.com/video/TEDxKC-Bren-Brown-The-Price-of;search%3Atag%3A%22TEDxKC%22.

21. MarkSircus", The Heart Is the Vulnerability of Being", 20 de junho de 2012, http://www.drsircus.com/spiritual-psychology/heart-vulnerability.

22. Wayne Dyer, "Forgiveness", Living Life Fully, http://www.livinglifefully.com/flo/flobeforgiveness.htm.

23. Fred Luskin, "Forgive for Good", http://learningtoforgive.com/9-steps.

24. Citada em, "Small Acts, Big Love: People Who Put Their Mates' Needs First Make Themselves Happier Too", Elizabeth Bernstein, *The Wall Street Journal*, 12 de fevereiro de 2013, http://www.wsj.com/articles/SB10001424127887323696404578297942503592524.

25. Joseph Campbell e Bill Moyers, *O Poder do Mito* (New York: Anchor, 1991), p. 250.

26. Health.com, "Is Love Better for Men's or Women's Health?" 3 de junho de 2012, *Fox News Magazine*, http://magazine.foxnews.com/food-wellness/love-better-mens-or-womens-health.

27. Katherine Woodward Thomas, *Conscious Uncoupling: A 5-Week Program to Release the Trauma of a Breakup, Reclaim Your Power & Reinvent Your Life*, http://evolvingwisdom.com/consciousuncoupling/digital-course/.

28. Rick Warren, "Why Should You Forgive?" 21 de maio de 2014, http://rickwarren.org/devotional/english/why-should-you-forgive.

29. Courtney Walsh, "Dear Human", Soul-Lit: A Journal of Spiritual Poetry, http://soul-lit.com/poems/v4/Walsh/index.html; visite também http://www.courtneyawalsh.com/.

30. Hannah Hickok, "How to Fall Back in Love with Your Husband", *Redbook*, 28 de outubro de 2014, http://www.redbookmag.com/love-sex/relationships/a19288/fall-back-in-love/.

31. TaraParker-Pope, "The Generous Marriage", *The New York Times*, 8 de dezembro de 2011, http://well.blogs.nytimes.com/2011/12/08/is-generosity-better-than-sex/?_r=0.

Créditos

Pag. 91–92: Definição da alma por Yanki Tauber, de "What Is a Soul?" (www.chabad.org/library/article_cdo/aid/3194/jewish/What-is-a-Soul.htm). Reimpresso com permissão da Chabad.org.

Pag. 96–101: A história pessoal de Donna Eden e David Feinstein conforme relatada em seu livro *The Energies of Love: Using Energy Medicine to Keep Your Relationship Thriving*. Copyright © 2014 by Donna Eden and David Feinstein. Publicado por Tarcher/Penguin. Usada com permissão de Donna Eden e David Feinstein.

Pag. 121: Gráfico de pontos de *tapping*, de www.TheTappingSolution.com. Reimpresso com permissão de Nick Ortner.

Pag. 120–127: Demonstração da técnica do *Tapping*, de Nick Ortner, conforme suas oficinas. Reimpresso com permissão de Nick Ortner.

Pag. 149–150: "Prayers for Couples", pp. 158–60 em *Illuminata: A Return to Prayer*, de Marianne Williamson. Copyright © 1994 by Marianne Williamson. Publicado por Riverhead Books. Reimpresso com permissão de Marianne Williamson.

Pag. 170–173: *The thirty-six questions of the Intimacy Exercise*, pags. 374–75 em Arthur Aron, et al., *The Experimental Generation of Interpersonal Closeness: A Procedure and Some Preliminary Findings*, Personality and Social Psychology Bulletin 23(4) (Abril, 1997): 363–77. Reimpresso com permissão de SAGE publications.

Pag. 200–201: "Dear Human", by Courtney A. Walsh. Postado pela primeira vez no Facebook, 12 de agosto de 2012, by Courtney A. Walsh. Reimpresso com permissão de Courtney A. Walsh.

Sobre a autora

Arielle é uma grande personalidade no movimento de aprimoramento pessoal e espiritualidade contemporânea. Durante os últimos vinte e cinco anos, ela tem vivido, ensinado e promovido a conscientização em todas as formas de mídia. Arielle é uma especialista em relacionamentos, oradora, blogueira para o *The Huffington Post* e produtora e anfitriã da série da Evolving Wisdom, *Art of Love Relationship*.

Arielle é uma talentosa escritora e autora de dez livros, incluindo o best-seller internacional *Alma gêmea: Encontre o amor com a Lei da Atração*. Ela já foi chamada de "cupido da conscientização" e "fada-madrinha do amor".

Ela vive em La Jolla, Califórnia, com seu marido e alma gêmea, Brian Hilliard, e seus amigos felinos. Visite-a em www.arielleford. com (página em inglês).

PUBLISHER
Kaíke Nanne

EDITORA EXECUTIVA
Carolina Chagas

EDITORA DE AQUISIÇÃO
Renata Sturm

COORDENAÇÃO DE PRODUÇÃO
Thalita Aragão Ramalho

PRODUÇÃO EDITORIAL
Jaciara Lima
Marcela de Barros

COPIDESQUE
Joana De Conti Dorea

REVISÃO
Daniel Siqueira
Janilson Torres Junior

DIAGRAMAÇÃO
Julio Fado

Capa
Mayu Tanaka

Este livro foi impresso no Rio de Janeiro, em 2016,
pela Edigráfica para a HarperCollins Brasil.
A fonte usada no miolo é Filosofia, corpo 12.
O papel do miolo é avena 80g/m², e o da capa é cartão 250g/m².